Ausführliches Verzeichnis der

Guttentag'schen Sammlung

Deutscher Reichs- und Preußischer Gesetze

— Textausgaben mit Anmerkungen; Taschenformat —

welche alle wichtigeren Gesetze in unbedingt zuverlässigen Gesetzestexten und in mustergültiger Weise erläutert enthält, befindet sich hinter dem Sachregister.

Guttentag'sche Sammlung
Nr. 60. Deutscher Reichsgesetze. Nr. 60.
Textausgaben mit Anmerkungen.

Gesetz, betreffend

das Urheberrecht an Werken der Literatur und der Tonkunst.

Vom 19. Juni 1901.

In der Fassung der Gesetzes vom 22. Mai 1910.

Textausgabe mit Einleitung, Anmerkungen und Sachregister
nebst einem Anhang, enthaltend
die revidierte Berner Übereinkunft vom 13. November 1908

von

Otto Lindemann,
Oberlandesgerichtsrat in Frankfurt am Main.

Dritte Auflage

Berlin 1910.
J. Guttentag, Verlagsbuchhandlung,
G. m. b. H.

Inhaltsübersicht.

Verzeichnis der Abkürzungen.

A. = Anmerkung.

Abs. = Absatz.

ALR. = Allgemeines Landrecht.

Art. = Artikel.

BGB. = Bürgerliches Gesetzbuch.

BUe. = Berner Übereinkunft.

Begr. I = Begründung des Entwurfs (Reichstagsdrucksache 1900/1901 Nr. 97).

Begr. II = Begründung des Entwurfs eines Gesetzes zur Ausführung der revidierten Berner Übereinkunft (Reichstagsdrucksache 1909/1910 Nr. 341).

Bolze = Bolze, Praxis des Reichsgerichts in Zivilsachen.

Denkschr. 1887 = Denkschrift zur Berner Übereinkunft (Reichstagsdrucksache 1887 Nr. 100).

Denkschr. 1897 = Denkschrift zum Pariser Zusatzabkommen (Reichstagsdrucksache 1897 Nr. 640).

DJZ. = Deutsche Juristenzeitung.

EG. = Einführungsgesetz.

G. = Gesetz; soweit nichts anderes bemerkt ist, ist das Gesetz, betr. das Urheberrecht an Werken der Literatur und der Tonkunst, gemeint.

GewRschutz. = Gewerblicher Rechtsschutz und Urheberrecht, Zeitschrift des Deutschen Vereins für den Schutz des gewerblichen Eigentums.

GoltdArch. = Archiv für Strafrecht und Strafprozeß, begründet von Goltdammer.

GVG. = Gerichtsverfassungsgesetz (Reichs-Gesetzblatt 1898 S. 371).

KomBer. I = Kommissionsbericht (Reichstagsdrucksache 1900/1901 Nr. 214).

KomBer. II = Kommissionsbericht zum Entwurf eines Gesetzes zur Ausführung der revidierten Berner Übereinkunft (Reichstagsdrucksache 1909/1910 Nr. 447)

KO. = Konkursordnung (Reichs-Gesetzblatt 1898 S. 612).

LeipzZ. = Leipziger Zeitschrift für Handels-, Konkurs- und Versicherungsrecht.

OLG. = Die Rechtsprechung der Oberlandesgerichte, herausgegeben von Falkmann und Mugdan.

PD. = Pariser Deklaration.

PZ. = Pariser Zusatzakte.

Recht = Das Recht; Rundschau für den deutschen Juristenstand.

RGBl. = Reichs-Gesetzblatt.

RGZ. = Entscheidungen des Reichsgerichts in Zivilsachen.

RGRspr. = Rechtsprechung des Reichsgerichts in Strafsachen, herausgegeben von den Mitgliedern der Reichsanwaltschaft.

RGSt. = Entscheidungen des Reichsgerichts in Strafsachen.

SeuffBl. = J. A. Seufferts Blätter für Rechtsanwendung.

StGB. = Strafgesetzbuch.

StPO. = Strafprozeßordnung.

VerlG. = Gesetz über das Verlagsrecht v. 19. 6. 1901.

ZPO. = Zivilprozeßordnung (Reichs-Gesetzblatt 1898 S. 410).

Einleitung.

A. Geschichtliches.

Die Geschichte des literarischen Urheberrechtsschutzes beginnt mit der Erfindung der Buchdruckerkunst. Da vor dieser Erfindung die Vervielfältigung von Schriftwerken nur durch Abschreiben geschehen konnte, so war es für den Verfasser nur in sehr beschränktem Maße möglich, aus seiner geistigen Arbeit wirtschaftlichen Vorteil zu ziehen. Sein Nutzen beschränkte sich auf den durch Verkauf des Manuskripts erzielten Preis; mit dem Manuskript ging auch das Recht zur Herstellung von Abschriften auf den Erwerber über. Ein Bedürfnis, ein von dem Eigentum am Manuskript unabhängiges Autorrecht zu schützen, bestand nicht. Infolge dieser Umstände ist dem römischen Rechte ein literarischer Urheberrechtsschutz gänzlich fremd geblieben. Dieser Zustand änderte sich, als die Möglichkeit erfunden war, Schriftwerke auf mechanischem Wege zu vervielfältigen. Für den Unternehmer, der auf die Drucklegung eines Werkes Mühe und Kosten verwendet hatte, bestand ein erhebliches Interesse daran, daß nicht ein anderer durch Nachdruck des Werkes sich die Früchte seines Fleißes aneignete.

Das Interesse des Schriftstellers trat vor diesem Interesse des Verlegers zunächst in den Hintergrund, da die neuerfundene Kunst in der ersten Zeit überwiegend zur Vervielfältigung von Werken römischer Klassiker, nicht aber von Werken lebender Autoren benutzt wurde. Diese Umstände bewirkten es denn auch, daß der Urheberrechtsschutz nicht an die Person des Verfassers, sondern an die des Verlegers angeknüpft wurde. Der Drucker wurde ursprünglich dadurch geschützt, daß ihm die ausschließliche Berechtigung zum Betriebe seines Gewerbes in einer bestimmten Stadt verliehen wurde. An Stelle dieses Monopols trat bald die Verleihung von Privilegien, durch welche dem privilegierten Drucker der Druck gewisser Werke ausschließlich gestattet und allen anderen bei Vermeidung einer Geldstrafe untersagt wurde. Solche Privilegien wurden vom Kaiser, aber auch von Fürsten und Städten verliehen; die vom Kaiser verliehenen beanspruchten Geltung für das ganze Reich, die Wirksamkeit der übrigen beschränkte sich auf das betreffende Territorium. Die Geltungsdauer der Privilegien war auf eine bestimmte Anzahl von Jahren — zwei, drei, fünf oder zehn — bemessen.

Dieser Rechtszustand erhielt sich in Deutschland bis gegen Ende des achtzehnten Jahrhunderts. Nur langsam brach sich die Auffassung Bahn, daß die geistige Arbeit als solche grundsätzlich, nicht bloß kraft eines als Ausnahmerecht erscheinenden Privilegiums, Anspruch auf Rechtsschutz habe. Das erste deutsche Gesetz, welches sich mit dem literarischen Rechtsschutz eingehend befaßte, war das Allgemeine Preußische Landrecht (Teil I Titel 11 §§ 996 bis 1036, Teil II Titel 20 §§ 1294 bis 1297a). Allerdings stand auch dieses Gesetzbuch noch auf dem Standpunkte des Verlagsschutzes, es machte aber wenigstens den Schutzanspruch des Verlegers von dem rechtmäßigen Erwerbe des Verlagsrechts abhängig. Dem Beispiele Preußens folgten zwar einzelne andere deutsche Staaten (so Baden 1806, Bayern 1813), von Reichs wegen aber geschah nichts für eine einheitliche Gestaltung des Urheberschutzes. Das Versprechen Leopolds II. in seiner Wahlkapitulation vom Jahre 1790, die Unterdrückung des Nachdrucks zur Reichssache machen zu wollen, sowie das gleiche Versprechen Franz' II. in der Wahlkapitulation vom Jahre 1792 blieben unerfüllt.

Bei Gründung des Deutschen Bundes wurde auf Betreiben der deutschen Buchhändler in der Deutschen Bundesakte (Artikel 18) die Zusage erteilt, daß „die Bundesversammlung sich bei ihrer ersten Zusammenkunft mit Abfassung gleichförmiger Verfügungen über die Preßfreiheit und die Sicherstellung der Rechte der Schriftsteller und Verleger gegen den Nachdruck beschäftigen" wolle. Allein die Erfüllung dieser Zusage ließ lange auf sich warten. Der Ausschuß des Bundestags legte allerdings am 11. Februar 1819 einen Gesetzentwurf, betreffend die Regelung des Urheber- und Verlagsrechts, vor; eine weitere Folge wurde demselben jedoch nicht gegeben. Erst nachdem Preußen in tatkräftiger Weise vorangegangen war und mit den anderen deutschen Staaten im ganzen 31 Literarverträge geschlossen hatte, erging am 6. September 1832[1]) der Beschluß des Bundestags, „daß die Herausgeber, Verleger und Schriftsteller eines Bundesstaats sich in jedem anderen Bundesstaat des dort gesetzlich bestehenden Schutzes gegen den Nachdruck zu erfreuen haben werden". Die Prüfung der einschlägigen Verhältnisse in den einzelnen Bundesstaaten ergab bei dieser Gelegenheit, daß in manchen Teilen Deutschlands noch immer das alte Privilegienwesen bestand. Es wurde deshalb im Wiener Schlußprotokoll vom 7. Juni 1834 (Art. 36) bestimmt, „daß der Nachdruck im Umfange des ganzen Bundesgebiets zu verbieten und das schriftstellerische Eigentum nach gleichförmigen Grundsätzen sicherzustellen und zu schützen sei"; sodann wurden die Regierungen am 2. April 1835 aufgefordert, binnen zwei Monaten anzuzeigen, was sie zur Ausführung des Verbots verfügt hätten oder zu verfügen gedächten. Einen erheblichen Fortschritt auf dem Gebiete des Urheberrechtsschutzes bildete der Erlaß des Preußischen

[1]) Protokolle der Bundesversammlung 1832 S. 1177.

Gesetzes vom 11. Juni 1837. In diesem Gesetze wurde zuerst mit der veralteten Rechtsauffassung, daß der Schutz gegen Nachdruck an die Person des Verlegers anknüpfen müsse, gebrochen und ein wirkliches dem Verfasser zustehendes Urheberrecht anerkannt[1]). Auf Anregung Preußens erging demnächst der Bundesbeschluß vom 9. November 1837[2]), nach welchem die Dauer des Schutzes gegen Nachdruck überall mindestens zehn Jahre von der Herausgabe des Werkes an betragen sollte, eine Bestimmung, die durch Bundesbeschluß vom 22. April 1841[3]) auf das Aufführungsrecht dramatischer und musikalischer Werke, sofern sie noch nicht durch den Druck veröffentlicht waren, ausgedehnt wurde. Der Bundesbeschluß vom 19. Juni 1845[4]) verlängerte die Schutzfrist nach dem Vorbilde Preußens

---

[1]) Das Gutachten des Preußischen Staatsrates bemerkte zum Entwurf dieses Gesetzes: „Nun aber durch den Bundesbeschluß vom 2. April 1835 ein schriftstellerisches Eigentum als solches festgestellt ist, was in dem Allgemeinen Landrecht nicht vorkommt, indem es nur von einem Verlagsrechte redet und seine Vorschriften hauptsächlich sich auf den Verlagsvertrag zwischen dem Schriftsteller und dem Buchhändler beziehen, ist zugleich für unsere Gesetzgebung über den Nachdruck eine neue Basis gegeben, auf welcher sie weiter zu bauen hat." Vgl. RGZ. 66, 230.

[2]) Protokolle der Bundesversammlung 1837 S. 846 g. h.

[3]) Protokolle der Bundesversammlung 1841 S. 235.

[4]) Protokolle der Bundesversammlung 1845 S. 538, 539.

auf dreißig Jahre vom Tode des Urhebers an, und der fernere Beschluß vom 12. März 1857[1]) bestimmte, daß auch bereits veröffentlichte dramatische und musikalische Werke gegen unbefugte Aufführung zu schützen seien, wenn die Veröffentlichung mit einem bezüglichen Vorbehalt erfolge.

In allen diesen Bundesbeschlüssen waren nun zwar einzelne Grundsätze des Urheberrechtsschutzes festgelegt, man war aber trotzdem von der erstrebten Rechtseinheit für Deutschland noch weit entfernt. Vor allem darf nicht übersehen werden, daß die Bundesbeschlüsse nur bezweckten, für die Gesetzgebung der Einzelstaaten gemeinsame Normen aufzustellen; Sache der partikularen Gesetzgebung war es, diesen Normen tatsächliche Geltung zu verleihen und sie im einzelnen auszugestalten. So bestanden denn etwa dreißig deutsche Partikulargesetze, die zum Teil in wichtigen Fragen starke Abweichungen aufwiesen. Das letzte deutsche Partikulargesetz ist das Bayerische Gesetz vom 28. Juni 1865. Dem Deutschen Bunde gelang es nicht, die Rechtseinheit auf dem Gebiete des Urheberrechts zu erzielen. Auf Anregung der sächsischen Regierung wurde zwar vom Börsenverein der deutschen Buchhändler in Leipzig die Ausarbeitung eines „Entwurfs eines Gesetzes für Deutschland zum Schutze des Eigentums an Werken der Wissenschaft und Kunst

---

[1]) Protokolle der Bundesversammlung 1857 S. 228.

gegen Nachdruck und Nachbildung" veranlaßt (sogenannter Börsenvereinsentwurf) und nach Vorlegung dieses Entwurfs auf der Bundesversammlung durch eine vom Bundestag eingesetzte Kommission ein „Entwurf eines Gesetzes zum Schutz der Urheberrechte an literarischen Erzeugnissen und Werken der Kunst" (sogenannter Frankfurter Entwurf) ausgearbeitet und im Jahre 1864 dem Bundestage vorgelegt, allein die Auflösung des Bundes setzte seiner weiteren Tätigkeit ein Ziel.

Mit besserem Erfolge wurden die Bestrebungen im Norddeutschen Bunde wieder aufgenommen. Die Verfassung des Norddeutschen Bundes sah in Artikel 4 Nr. 6 den „Schutz des geistigen Eigentums" als Bundessache vor. Nachdem von der Preußischen Regierung ein Entwurf eines Bundesgesetzes über das Urheberrecht ausgearbeitet war, fanden im Jahre 1869 Beratungen der vereinigten Bundesausschüsse für Handel und Verkehr und für Justizwesen mit zugezogenen Sachverständigen statt, deren Ergebnisse in einem neuen umgearbeiteten Entwurfe verwertet wurden. Nach erfolgter Zustimmung des Reichstags und Bundesrats erging das Bundesgesetz, betreffend das Urheberrecht an Schriftwerken, Abbildungen, musikalischen Kompositionen und dramatischen Werken vom 11. Juni 1870 (Bundes-Gesetzbl. 1870 S. 339). Das Gesetz trat am 1. Januar 1871 für die Staaten des Norddeutschen Bundes in Kraft. Bei

Gründung des Deutschen Reichs wurde es auch in die süddeutschen Staaten eingeführt, und zwar in Baden, Süd-Hessen und Württemberg zugleich mit der Verfassung mit Wirksamkeit vom 1. Januar 1871, in Bayern durch Gesetz vom 22. April 1871 mit Wirksamkeit vom 1. Januar 1872[1]).

Während so die innere deutsche Gesetzgebung auf dem Gebiete des literarischen Urheberrechtsschutzes vorläufig zu einem befriedigenden Abschlusse gelangt war, bedurfte der internationale Schutz des Urheberrechts noch sehr der Entwickelung. Zur Zeit des Privilegienwesens konnte naturgemäß von einem solchen kaum in den bescheidensten Grenzen die Rede sein. Die Partikulargesetzgebung beschränkte sich demnächst wesentlich darauf, die Bestimmung aufzunehmen, daß der Ausländer im Inland im gleichen Umfange Schutz genieße, wie das Gesetz seines Heimatstaates dem Inländer gewähre. Erst von der Mitte des neunzehnten Jahrhunderts ab wurde dem durch den gewaltigen Aufschwung des Verkehrs immer dringender gewordenen Bedürfnisse nach internationalem Schutze des Urheberrechts durch Abschluß von Staatsverträgen in wirksamerem Maße Rechnung getragen. Derartige Literarverträge

[1]) In Elsaß-Lothringen ist die Einführung erfolgt durch Gesetz vom 27. Januar 1873, in Helgoland durch Verordnung vom 22. März 1891.

wurden sowohl von den deutschen Partikularstaaten als auch später vom Norddeutschen Bunde und Deutschen Reiche in erheblicher Zahl abgeschlossen[1]). Die in Paris gegründete association littéraire et artistique internationale regte zuerst den Gedanken an, in umfassenderer und einheitlicherer Weise, als dies durch Abschluß von Separatabkommen zwischen einzelnen Staaten möglich

[1]) Das Deutsche Reich hat folgende Literarverträge abgeschlossen: mit den Vereinigten Staaten von Amerika am 15. Januar 1892; mit Österreich-Ungarn am 30. Dezember 1899; mit Frankreich am 8. April 1907 RGBl. 07, 419) — an Stelle des aufgehobenen Vertrages vom 19. April 1883; vgl. auch Bekm. vom 20. November 1908, betr. einen Notenwechsel zwischen dem Auswärtigen Amt und der Botschaft der französischen Republik in Berlin vom 13./14. November 1908 über den Beitritt der deutschen Schutzgebiete und der französischen Kolonien (RGBl. 08, 631) —; mit Belgien am 16. Oktober 1907 (RGBl. 08, 405) — an Stelle des aufgehobenen Vertrags vom 12. Dezember 1883 —; mit Italien am 9. November 1907 (RGBl. 08, 80) — an Stelle des aufgehobenen Vertrags vom 20. Juni 1884 —. Die Übereinkunft zwischen dem Norddeutschen Bunde und der Schweiz vom 13. März 1869, die durch das Protokoll vom 23. Mai 1881 auf das Deutsche Reich ausgedehnt worden war, ist infolge Kündigung seitens der Schweiz mit dem Ablaufe des 17. November 1899 außer Kraft getreten; ebenso ist die Übereinkunft mit Großbritannien vom 2. Juni 1886, nachdem sie in Großbritannien die staatsrechtliche Wirksamkeit verloren hatte, auch deutscherseits durch den am 16. Dezember 1897 erklärten Rücktritt außer Kraft gesetzt worden.

war, die Rechte an Werken der Literatur und Kunst durch Vereinbarung einer allgemeinen internationalen Uebereinkunft nach Analogie des Weltpostvereins zu schützen. Auf Einladung des Schweizerischen Bundesrats fanden hierüber vom 8. bis zum 19. September 1884, vom 7. bis zum 18. September 1885 und vom 6. bis zum 9. September 1886 zu Bern Beratungen statt, an welchen sich Vertreter fast aller europäischer und einiger außereuropäischer Staaten beteiligten. Das Ergebnis dieser Beratungen war der Abschluß der Berner Uebereinkunft vom 9. September 1886. Die Uebereinkunft wurde im Jahre 1896 auf einer abermaligen internationalen Konferenz zu Paris (vom 15. April bis zum 4. Mai 1896) einer Revision unterzogen und durch die Pariser Zusatzakte vom 4. Mai 1896 die Abänderung einzelner Artikel bewirkt. Die Pariser Deklaration vom gleichen Datum enthält eine authentische Interpretation einiger Bestimmungen der Berner Uebereinkunft und der Pariser Zusatzakte.

Hatte sich auch das Reichsgesetz vom 11. Juni 1870 im allgemeinen bewährt, so machte sich doch nach einer mehr als fünfundzwanzigjährigen Geltungsdauer das Bedürfnis einer Umformung desselben geltend. Schon die seit seinem Erlaß eingetretene Ausgestaltung des internationalen Urheberrechts ließ eine Anpassung seiner Vorschriften an die internationalen Bestimmungen wünschenswert erscheinen; auch war mit Rücksicht auf die Entwickelung der Reichsgesetzgebung eine Aenderung seiner Fassung in vielen Punkten erforderlich. Zudem war nicht zu verkennen, daß sich die Anschauungen auf dem Gebiete des Urheberrechts in den letzten Jahrzehnten erheblich geändert hatten; insbesondere war den auf Verstärkung des Urheberschutzes gerichteten Bestrebungen Rechnung zu tragen. Stand hiernach die Notwendigkeit einer gesetzlichen Neugestaltung des literarischen Urheberrechtsschutzes fest, so war mit der Vollendung des Bürgerlichen Gesetzbuchs der Zeitpunkt gegeben, diese Neugestaltung in Angriff zu nehmen. Das Verlagsrecht, welches von der Regelung durch das Bürgerliche Gesetzbuch ausgeschlossen war (vgl. Art. 76 EGBGB.), mußte reichsrechtlich geordnet werden; diese Aufgabe konnte aber nur gelöst werden, wenn die Rechte der Autoren feststanden.

Um zunächst die für die Revision des Urheberrechts wichtigsten Fragen im allgemeinen einer Besprechung zu unterziehen, fanden im Oktober des Jahres 1898 im Reichsjustizamt Beratungen mit einer größeren Zahl von Sachverständigen statt. Nachdem die Ergebnisse dieser Verhandlungen erwogen worden waren, wurden im Frühjahr 1899 mit drei gesonderten Gruppen von Sachverständigen diejenigen Punkte erörtert, welche für die dichterischen Erzeugnisse, für die musikalischen Werke und für die Tagespresse von Bedeutung waren. Auf der Grundlage dieser Beratungen wurde ein „Entwurf eines Gesetzes, betreffend das Urheberrecht an Werken der Literatur und der Tonkunst" aufgestellt und in einer besonderen Beilage des Reichsanzeigers vom 13. Juli 1899 veröffentlicht, um, nachdem bis dahin hauptsächlich Vertreter der Berufsstände, für die eine Verstärkung des Urheberschutzes von Wert ist, zu Wort gekommen waren, auch den übrigen Volkskreisen Gelegenheit zu bieten, die in Aussicht genommenen Abänderungen des Urheberrechts vom Standpunkte allgemeiner Interessen zu prüfen. Demnächst wurde der Entwurf am 8. Dezember 1900 zusammen mit dem Entwurf eines Gesetzes über das Verlagsrecht dem Reichstage vorgelegt[1]). Die erste Beratung beider Entwürfe fand im Reichstag am 8. und 9. Januar 1901 statt. Durch Beschluß des Reichstags vom letzteren Tage wurde der Entwurf an eine Kommission von 21 Mitgliedern verwiesen[2]). Die Kommission beschloß zwar zu einer Reihe von Paragraphen Abänderungen, ließ aber die Grundzüge des Entwurfs unberührt. Die wichtigsten von ihr in Vorschlag gebrachten Aenderungen betrafen die Zulässigkeit des Abdrucks aus Zeitungen, die Wiedergabe von

---

[1]) Reichstagsdrucksache Nr. 97.

[2]) Stenogr. Berichte S. 567.

Tonwerken durch mechanische Musikinstrumente und die Zulässigkeit von Aenderungen bei Aufnahme von Schriftwerken in Sammlungen für den Schulgebrauch. Der schriftliche Bericht der Kommission wurde am 19. März 1901 erstattet[1]). Der Reichstag beriet den Entwurf in zweiter Lesung vom 17. bis 19. April, wobei fast durchweg die Kommissionsfassung gebilligt wurde[2]). Gestrichen wurde die im Entwurf vorgesehene Verlängerung der Schutzfrist hinsichtlich des Aufführungsrechts an Bühnenwerken und Werken der Tonkunst. Am 30. April, 1. und 2. Mai folgte die dritte Lesung[3]) und, nachdem der Entwurf in der vom Reichstage beschlossenen Fassung die Zustimmung des Bundesrats gefunden hatte, wurde das Gesetz am 19. Juni 1901 vom Kaiser vollzogen.

Bereits auf der Pariser Konferenz war der Wunsch ausgesprochen, daß aus den Beratungen der nächsten Konferenz ein einheitlicher Text der Berner Uebereinkunft hervorgehen möge. Dieser Wunsch ist verwirklicht durch die im Jahre 1908 in Berlin stattgehabte Konferenz, deren Ergebnis die revidierte Berner Uebereinkunft vom 13. November 1908 (abgedruckt im Anhang) ist. Außer

---

1) Reichstagsdrucksache Nr. 214.
2) Stenogr. Berichte S. 2141 ff.
3) Stenogr. Berichte S. 2432 ff.

der einheitlichen Textfassung wurde eine Vereinfachung und Verstärkung des Urheberschutzes, letzteres namentlich in Ansehung seiner Dauer, des Uebersetzungsschutzes und der Uebertragung auf mechanische Musikwerke, erreicht.

Die neuen Bestimmungen der Berner Uebereinkunft machten in einigen Punkten Vorschriften erforderlich, die im Wege der inneren Gesetzgebung getroffen werden mußten. Diese Vorschriften und mehrere damit in Zusammenhang stehende, für erforderlich erachtete Aenderungen des inneren Rechts sind getroffen durch das Gesetz zur Ausführung der revidierten Berner Uebereinkunft zum Schutze von Werken der Literatur und Kunst vom 13. November 1908 vom 22. Mai 1910. Die Neuregelung betrifft namentlich: Schutz der choreographischen und pantomimischen Werke, auch soweit der Bühnenvorgang in anderer Weise als schriftlich festgelegt ist; Schutz der Werke der Tonkunst gegen mechanische Wiedergabe und der Vorrichtungen für mechanische Musikinstrumente gegen unbefugte Nachbildung; Schutz gegen Wiedergabe durch die Kinematographie. Das Gesetz soll gleichzeitig mit der revidierten Berner Uebereinkunft in Kraft treten (Art. V, vgl. Art. 29 der BUe.).

B. Inhalt des Gesetzes.

Der Stoff des Gesetzes ist systematisch in fünf Abschnitte gegliedert, deren Ueberschriften wie folgt lauten: 1. Voraussetzungen des Schutzes; 2. Befugnisse des Urhebers; 3. Dauer des Schutzes; 4. Rechtsverletzungen; 5. Schlußbestimmungen.

Das Urheberrecht ist nach der Auffassung des Gesetzes Ausfluß der literarisch oder künstlerisch schaffenden Tätigkeit des Autors und besteht in der ausschließlichen Befugnis, das Werk gemäß den näheren Bestimmungen des Gesetzes wirtschaftlich zu nutzen und ungesetzliche Einwirkungen Dritter auf das Werk auszuschließen. Die Befugnisse des Urhebers sind im Gesetz im einzelnen genau und erschöpfend bezeichnet. Darüber hinaus besteht irgendwelche urheberrechtliche Befugnis nicht und kann auch nicht im Wege ausdehnender Auslegung aus dem Gesetz entnommen werden (RGSt. 39, 110). Es ist kein bloßes Vermögensrecht, da es auch das persönliche Interesse des Verfassers an seinem Erzeugnisse in sich begreift (vgl. §§ 9, 11 Abs. 1 Satz 2; RGSt. 36, 8). Der Kreis der Werke, an denen ein Urheberrecht besteht, ist durch die im § 1 enthaltene Aufzählung ihrer verschiedenen Gattungen fest bestimmt. Folgende Gattungen werden unterschieden, nämlich: a) Schriftwerke, b) Vorträge und Reden, welche dem Zwecke der Erbauung, Belehrung oder Unterhaltung dienen, c) Werke der Tonkunst, d) Abbildungen wissenschaftlicher oder technischer Art, e) choreographische und pantomimische Werke.

Hinsichtlich der Persönlichkeit des Schutzberechtigten gilt als allgemeiner Grundsatz, daß bei Originalwerken der Verfasser, bei Uebersetzungen und Bearbeitungen der Uebersetzer bzw. Bearbeiter als Urheber Anspruch auf den Schutz des Gesetzes hat (§ 2). Eine Ausnahme wird jedoch zugunsten juristischer Personen des öffentlichen Rechtes gemacht, sofern sie als Herausgeber ein Werk ohne Nennung des Verfassers veröffentlichen (§ 3). Die Rechtslage mehrerer Mitarbeiter an einem Werke wird je nach der besonderen Gestaltung der gemeinschaftlichen Arbeit verschieden geregelt; drei Fälle sind zu unterscheiden: 1. ein aus getrennten Beiträgen mehrerer bestehendes Werk — Sammelwerk (§ 4), 2. eine Verbindung von Werken verschiedener Gattung — Schriftwerk verbunden mit einem Werke der Tonkunst oder mit Abbildungen (§ 5, vgl. auch § 28 Abs. 2), 3. ein gemeinsam verfaßtes, aus untrennbaren Arbeiten bestehendes Werk (§ 6, vgl. auch § 28 Abs. 1). Zur Erleichterung der Rechtsverfolgung wird an die Nennung eines Verfassers unter bestimmten Voraussetzungen die Vermutung geknüpft, daß der Genannte der Urheber des Werkes sei (§ 7 Abs. 1, 3); ferner ist bei anonymen und pseudonymen Werken der Herausgeber, ev. der Verleger zur Wahrnehmung der Rechte des Urhebers befugt (§ 7 Abs. 2). Für die Vererbung des Urheberrechts gelten die allgemeinen Grundsätze des Bürgerlichen Gesetzbuchs (§ 8 Abs. 1), jedoch findet eine gesetzliche Erbfolge des Fiskus oder anderer juristischer Personen nicht statt (§ 8 Abs. 2). Ausdrücklich hervorgehoben wird die Möglichkeit, die Uebertragung des Urheberrechts mit Begrenzung auf ein bestimmtes geographisches Gebiet vorzunehmen — geteiltes Verlagsrecht (§ 8 Abs. 3). Das persönliche Interesse des Urhebers an seinem Werke bleibt auch bei unbeschränkter Uebertragung des Urheberrechts dadurch gewahrt, daß Aenderungen des Werkes nur mit seiner Einwilligung oder, wenn die Versagung der Einwilligung gegen Treu und Glauben verstoßen würde, zulässig sind (§ 9). Eine Zwangsvollstreckung in das Urheberrecht ist gegen den Urheber selbst ohne seine Einwilligung überhaupt nicht, gegen seine Erben nur gestattet, wenn das Werk erschienen ist (§ 10).

Folgende ausschließliche Befugnisse stehen dem Urheber zu: 1. die Befugnis, das Werk zu vervielfältigen, 2. die Befugnis, das Werk gewerbsmäßig zu verbreiten, 3. die Befugnis, den wesentlichen Inhalt eines Werkes öffentlich mitzuteilen, solange eine solche Mitteilung noch nicht erfolgt ist, 4. die Befugnis, Bühnenwerke und Werke der Tonkunst öffentlich aufzuführen, 5. die Befugnis, nicht erschienene Schriftwerke und Vorträge öffentlich vorzutragen (§ 11). Gegenstand dieser ausschließlichen Befugnisse ist nicht nur das Werk im ganzen, sondern auch jeder irgendwie erhebliche, sich als Ergebnis des geistigen Schaffens des Urhebers darstellende Teil desselben (§ 41). Für den Schutz gegen indirekte Aneignung des Werkes durch Utilisation, Adaptation usw. stellt § 13 Abs. 1 den allgemeinen Grundsatz auf, daß eine solche Benutzung nur zulässig ist, wenn dadurch eine eigentümliche Schöpfung hervorgebracht wird. Gewisse Bearbeitungen bleiben jedoch dem Urheber ausschließlich vorbehalten; dazu gehört insbesondere die Uebersetzung des Werkes in eine andere Sprache und neuerdings auch die Uebertragung des Werkes auf Vorrichtungen für Instrumente, die der mechanischen Wiedergabe für das Gehör dienen, sowie die Benutzung eines Schriftwerks zu einer bildlichen Darstellung im Wege der Kinematographie (§ 12). Eine weitreichende Ausnahme von dem allgemeinen Grundsatze greift ferner bei Werken der Tonkunst insofern Platz, als bei diesen jede erkennbare Entnahme einer Melodie, durch welche die Melodie einer neuen Arbeit zugrunde gelegt wird, verboten ist (§ 13 Abs. 2). Kraft gesetzlicher Vermutung verbleibt die Befugnis zu gewissen Bearbeitungen dem Urheber auch im Falle einer Uebertragung des Urheberrechts (§ 14).

Inwieweit ausnahmsweise eine ohne Einwilligung des Berechtigten vorgenommene Vervielfältigung zulässig ist, wird in den §§ 15 Abs. 2, 16 bis 23 bestimmt. Zulässig ist danach insbesondere eine Vervielfältigung zum persönlichen Gebrauche, sofern die Erzielung einer Einnahme aus dem Werke damit nicht bezweckt wird (§ 15 Abs. 2). Für den Abdruck amtlicher Schriftstücke (§ 16), öffentlicher Verhandlungen (§ 17 Nr. 1), bei den Verhandlungen der Gerichte, der politischen, kommunalen und kirchlichen Vertretungen gehaltener Vorträge und Reden (§ 17 Nr. 2) bleibt ein weiter Spielraum. Die Zulässigkeit des Abdrucks von Artikeln der periodischen Presse ist gegenüber dem bisherigen Rechte eingeschränkt (§ 18). Fernere Beschränkungen der ausschließlichen Rechte des Urhebers stellen dar: 1. das Recht zum Zitieren aus Schriftwerken und Werken der Tonkunst (§ 19 Nr. 1, § 21 Nr. 1), 2. das Recht zur Aufnahme kleinerer Schriftwerke und kleinerer Kompositionen in selbständige wissenschaftliche Arbeiten (§ 19 Nr. 2, § 21 Nr. 2), 3. das Recht zur Aufnahme einzelner Gedichte in Sammlungen zur Benutzung bei Gesangsvorträgen (§ 19 Nr. 3), 4. das Recht zur Aufnahme kleinerer Schriftwerke in Sammlungen für den Kirchen-, Schul- und Unterrichtsgebrauch oder zu einem eigentümlichen literarischen Zwecke sowie das Recht zur Aufnahme kleinerer Kompositionen in Sammlungen für den Unterricht in Schulen mit Ausschluß der Musikschulen (§ 19 Nr. 4, § 21 Nr. 3), 5. das Recht zur Benutzung einer erschienenen kleineren Dichtung als Text zu einer neuen Komposition (§ 20), 6. das Recht zur Erläuterung eines Schriftwerkes durch Abdruck einzelner Abbildungen aus einem erschienenen Werke (§ 23).

Die nach diesen Vorschriften zulässige Benutzung fremder Werke ist jedoch stets mit der Verpflichtung zur deutlichen Quellenangabe verbunden (§ 25), auch sind Aenderungen des benutzten Werkes nur in sehr engen Grenzen gestattet (§ 24). Der Natur der Sache nach schließt die Zulässigkeit der Vervielfältigung fremder Werke auch die Zulässigkeit der Verbreitung, der öffentlichen Aufführung und des öffentlichen Vortrags in sich (§ 26). Die im bisherigen Rechte begründete Einschränkung des Urheberrechts durch das Recht zur Wiedergabe von Werken der Tonkunst auf mechanischen Musikinstrumenten ist fortgefallen. Jedoch ist im Interesse der heimischen Industrie vorgesehen, daß, falls der Urheber einem anderen die Benutzung zur mechanischen Wiedergabe gestattet hat und das Werk erschienen ist, auch ein Dritter gegen angemessene Vergütung die Befugnis solcher Benutzung in Anspruch nehmen kann (Zwangslizenz — §§ 22 ff.). Im übrigen sind Beschränkungen der ausschließlichen Aufführungsbefugnis hinsichtlich erschienener Werke der Tonkunst im Interesse der üblichen Veranstaltungen im Bereiche der Kirche, Schule, des Heeres und der Flotte (§ 27 Satz 1), für Volksfeste (§ 27 Nr. 1), Wohltätigkeitsveranstaltungen (§ 27 Nr. 2) und Vereinsaufführungen (§ 27 Nr. 3) für nötig erachtet worden.

Der Schutz veröffentlichter Werke ist ein zeitlich begrenzter; sind seit der ersten Veröffentlichung zehn Jahre und außerdem seit dem Tode des Urhebers dreißig Jahre verstrichen, so wird das Werk gemeinfrei (§ 29 Satz 1). Dagegen ist der Urheberrechtsschutz bezüglich noch nicht veröffentlichter Werke an eine Zeitgrenze nicht gebunden; nachgelassene, noch nicht veröffentlichte Manuskripte genießen, einerlei wann der Verfasser gestorben ist, mindestens zehn Jahre lang von der ersten Veröffentlichung an Rechtsschutz (§ 29). Die Berechnung der Schutzfrist für Werke, an denen das Urheberrecht mehreren gemeinschaftlich oder einer juristischen Person zusteht, für anonyme und pseudonyme Werke sowie für Werke, die aus mehreren Bänden usw. bestehen oder in Lieferungen veröffentlicht werden, bestimmt sich nach den §§ 30 bis 33. Uebrigens beginnt aus praktischen Gründen der Lauf der Schutzfrist erst mit dem Ende des Kalenderjahres, in dem der Tod des Urhebers oder die Veröffentlichung erfolgt ist (§ 34).

Im Falle schuldhafter Verletzung seiner ausschließlichen Befugnisse ist der Urheber regelmäßig befugt, Schadensersatz zu verlangen (§§ 36, 37). Diese Ansprüche verjähren in kurzer Frist (§§ 50, 51). Eine Strafverfolgung tritt nur auf Antrag des Verletzten und — abgesehen von der Strafe für unterlassene Quellenangabe (§ 44) — nur wegen vorsätzlicher Eingriffe in das Urheberrecht ein (§§ 38, 39, 45). Auch die Strafverfolgung verjährt in kurzer Frist (§§ 50, 51, 53). In den Fällen der

§§ 38, 39 kann der Berechtigte auch die Zuerkennung einer Buße im Strafverfahren beantragen (§ 40). Widerrechtlich hergestellte oder verbreitete Exemplare und die zur widerrechtlichen Vervielfältigung ausschließlich bestimmten Vorrichtungen unterliegen in allen Fällen der Vernichtung (§§ 42, 46, 47, 48). Statt dieser Maßregel ist dem Berechtigten auch die Möglichkeit gewährt, die Exemplare und Vorrichtungen gegen eine angemessene Vergütung zu übernehmen (§ 43). Solange solche Exemplare und Vorrichtungen vorhanden sind, unterliegt der Anspruch auf Vernichtung nicht der Verjährung (§ 52). Wie nach dem Gesetz vom 11. Juni 1870 Sachverständigenvereine, sollen nach jetzigem Rechte für alle Bundesstaaten Sachverständigenkammern bestehen, die zur Abgabe von Gutachten und in gewissen Fällen auch zu schiedsrichterlicher Entscheidung berufen sind (§ 49).

Im letzten Abschnitte des Gesetzes werden Bestimmungen getroffen über den Schutz ausländischer Staatsangehöriger (§ 55), über die Führung der Eintragsrolle (§§ 56 bis 58) und über die Zuständigkeit des Reichsgerichts als letzter Instanz (§ 59). Daran schließen sich die Uebergangsbestimmungen. Der Grundsatz, daß die neuen Vorschriften auch für solche Werke Geltung haben, welche zur Zeit des Inkrafttretens des Gesetzes bereits entstanden waren, macht verschiedene Ausnahmen nötig. Solche Einschränkungen des Grundsatzes werden behufs Schonung berechtigter Interessen zugunsten früher erlaubterweise erschienener Uebersetzungen, sonstiger Bearbeitungen und Sammlungen, insbesondere auch erlaubterweise hergestellter Vorrichtungen für mechanische Musikinstrumente, sowie zugunsten einer in zulässiger Weise bereits begonnenen Vervielfältigung vorgeschrieben (§§ 62, 63, 63a). Mit Rücksicht darauf, daß nach bisherigem Rechte bei erschienenen Werken der Tonkunst zur Wahrung des ausschließlichen Aufführungsrechts ein besonderer Vorbehalt erforderlich war, während das neue Gesetz von diesem Erfordernis absieht, sind besondere Vorschriften für die vor dem Inkrafttreten des Gesetzes ohne solchen Vorbehalt erschienenen Werke der Tonkunst getroffen, da die unbedingte Anwendung der Vorschriften des neuen Gesetzes auf solche Werke insofern eine unbillige Schädigung der Notenbesitzer bewirken würde, als ihnen die Befugnis, die Noten auch zur öffentlichen Aufführung ohne weiteres benutzen zu dürfen, wieder entzogen würde (§ 61). Das Gesetz ist in seiner ursprünglichen Fassung am 1. Januar 1902 in Kraft getreten (§ 64). Die Novelle vom 22. Mai 1910 tritt gleichzeitig mit der revidierten Berner Uebereinkunft in Kraft.

(Nr. 2778.)

Gesetz, betreffend
das Urheberrecht an Werken der Literatur und der Tonkunst.

Vom 19. Juni 1901. (RGBl. S. 227.)

In der Fassung des Gesetzes vom 22. Mai 1910 (RGBl. S. 793).

Wir **Wilhelm**, von Gottes Gnaden Deutscher Kaiser, König von Preußen ꝛc.

verordnen im Namen des Reichs, nach erfolgter Zustimmung des Bundesrats und des Reichstags, was folgt:

Erster Abschnitt.
Voraussetzungen des Schutzes.

§ 1.

Nach Maßgabe dieses Gesetzes werden geschützt[1]):

1. die Urheber[2]) von Schriftwerken[3]) und solchen Vorträgen oder Reden, welche dem Zwecke der Erbauung, der Belehrung oder der Unterhaltung dienen[4]);
2. die Urheber von Werken der Tonkunst;

3. die Urheber von solchen Abbildungen wissenschaftlicher oder technischer Art, welche nicht ihrem Hauptzwecke nach als Kunstwerke zu betrachten sind[5]). Zu den Abbildungen gehören auch plastische Darstellungen.

Choreographische und pantomimische Werke werden auch dann wie Schriftwerke geschützt, wenn der Bühnenvorgang auf andere Weise als schriftlich festgelegt ist[6]).

1. Soweit es sich um inländische Urheber handelt, wird der Schutz des Gesetzes sowohl erschienenen wie nicht erschienenen Werken zuteil, vgl. § 54.

Der Urheberrechtsschutz ist unabhängig vom wirtschaftlichen Interesse, Recht 05, 286.

2. Über den Begriff „Urheber" vgl. § 2.

3. „Schriftwerk" ist ein in Schriftzeichen niedergelegter Gedankenausdruck, der ein Erzeugnis individueller geistiger Tätigkeit, keine bloß mechanisch gefertigte Arbeit bildet. Das Maß der erforderlich gewesenen geistigen Tätigkeit, Umfang, innerer Gehalt und Wert der Geistesarbeit ist dabei aber ohne Bedeutung, RGSt. 39, 100; das Gesetz schützt keineswegs nur die hervorragenden Leistungen auf dem Gebiete der Literatur; der Richter darf den Schutz des Gesetzes nicht deshalb verweigern, weil der Umfang eines Erzeugnisses zu gering sei oder sein Inhalt zu tief stehe, RGSt. 19, 198.

Ein Schriftwerk braucht nicht materiell eigentümliche Gedanken zu enthalten, die Autortätigkeit kann sich auch auf die bloße Formgebung, auf die Art der Wiedergabe bekannter Gedanken (OLG. 14, 424), auf die Sammlung, Einteilung und Anordnung bereits vorhandenen Materials beschränken (Beispiele: Adreßbuch, Lotteriegewinnliste, Tabelle über Effektenkurse während mehrerer Jahre, alphabetisches Ortsregister aller deutschen Plätze mit

Fernsprechämtern, Zusammenstellungen statistischer Art, die nicht rein mechanisch sind, sondern Gedankenarbeit erfordern), RGRspr. 10, 729; RGSt. 17, 195; 37, 294; 39, 100; 41, 401; JW. 03, 227; 09, 341 Nr. 111; SeuffBl. 09, 64; DJZ. 08, 824. Die rein objektive Ankündigung bestimmter Tatsachen ohne jedes individuelle Gepräge kann aber nicht als schutzfähiges Schriftwerk erscheinen; deshalb sind regelmäßig schutzlos Rennberichte (OLG. 4, 242), Theaterzettel (RGZ. 66, 227; RGSt. 39, 282), Geschäftsannoncen (RGSt. 15, 405). Nicht geschützt sind Preislisten und Branchenverzeichnisse, die keine belehrende, aus einer schöpferischen, geistigen Tätigkeit des Verfassers entsprungene Beschreibung, sondern außer der Bezeichnung der Waren und der Angabe der Preise nur kurze Bemerkungen über den Stoff, aus dem die Waren gefertigt sind, und ihre Vorzüge enthalten, und deren Abbildungen nicht den Zweck verfolgen, eine technische Idee zu veranschaulichen, vielmehr nur dazu dienen, den Empfängern der Listen das Aussehen der Waren zu zeigen, Recht 08, 458 Nr. 2604; GoltdArch. 48, 373; indessen kann auch der Text eines Preisbuches sich nach der Anordnung des Stoffes und nach der Beschreibung der Abbildungen als ein durch individuelle geistige Tätigkeit hervorgebrachtes Erzeugnis darstellen, wobei es unerheblich ist, ob das Preisbuch lediglich unter Fachleuten längst bekannte Tatsachen wiedergibt, RGSt. 39, 100. Der Umstand allein, daß eine Preisliste in mehreren Sprachen abgefaßt ist, macht sie noch nicht zu einem Schriftwerk, RGSt. 33, 129. Lohntarife, welche die Unterlage für die Berechnung der Arbeitslöhne bilden, sind geschützt, sofern sie in neuen und selbständigen Bearbeitungen besondere, in sich abgeschlossene Lohnsysteme zur Darstellung bringen, DJZ. 09, 1268. Die Anordnung der Eintragungen in kaufmännische Geschäftsbücher und der Kolumnenüberschriften in Verbindung mit Vordruck und Linien genießt keinen Urheberrechtsschutz, da es sich nicht um einen schriftlich niedergelegten Gedankenausdruck handelt, GewRschutz 06, 135.

Ein besonderes geschütztes Persönlichkeitsrecht an Briefen ist vom Gesetz nicht anerkannt. Urheberrechtlichen Schutz genießen Briefe nur, wenn sie sich als Ausfluß einer individuellen geistigen Tätigkeit darstellen. Es genügt also nicht, daß sie wegen des darin enthaltenen Tatsachenmaterials als historische Urkunden, insbesondere als Belege für den Charakter und die Lebensschicksale des Verfassers, allgemein interessant und literarisch verwertbar sind. Vielmehr ist unter Ausscheidung des etwaigen historischen oder biographischen Interesses zu fragen, ob sie auch abgesehen von den bekundeten Tatsachen und als Erzeugnisse eines beliebigen Verfassers literarisch bedeutsam sein würden. Diese literarische Bedeutung, die den Urheberrechtsschutz begründet, kann beruhen auf einem originalen Gedankeninhalt oder auf einer künstlerischen Formgebung, die auch bloßen Vertrauensbriefen ohne originalen Gedankeninhalt vermöge der besonderen Anmut und Kraft des Stiles einen ästhetischen Reiz und literarischen Wert verleiht, RGZ. 69, 401. Nicht geschützt sind also Briefe, deren Inhalt sich im wesentlichen auf die Mitteilung persönlicher Nachrichten, die Besprechung geschäftlicher Angelegenheiten oder dgl. beschränkt und bei denen auch die Formgebung nicht Ausfluß einer individuellen geistigen Tätigkeit ist, RGZ. 41, 49.

Kein Erfordernis eines Schriftwerks ist die Verlagsfähigkeit in dem Sinne, daß das Geisteserzeugnis fähig sein müsse, Gegenstand des literarischen Verkehrs zu sein, RGSt. 27, 24; es genügt Verlagsfähigkeit in dem Sinne, daß das Schriftwerk fähig sein muß, durch Schrift mitgeteilt zu werden RGSt. 39, 100; 41, 401.

In subjektiver Beziehung ist eine besondere Absicht des Verfassers bei Niederschrift des Schriftwerks nicht erforderlich, insbesondere wird nicht vorausgesetzt, daß der Verfasser wissenschaftliche oder Belehrungszwecke verfolgt habe oder daß das Erzeugnis vermögensrechtlich verwertbar und dazu bestimmt sein müsse, als Einnahmequelle für den Berechtigten zu dienen, DJZ. 09, 1268. Bei Briefen ist es belanglos, ob auf seiten des Verfassers zur Zeit der Niederschrift ein erkennbares Interesse an Vervielfältigung und gewerbsmäßiger Verbreitung bestanden hat, ob die Briefe in solcher Vorstellung geschrieben sind oder ob sich der Zweck der Niederschrift in der Mitteilung an den Adressaten erschöpfte, RGZ. 69, 401. Ebenso ist es gleichgültig, ob die Veröffentlichung eines Schriftwerks Selbstzweck war oder ob sie geschäftlichen Zwecken diente, RGSt. 34, 431.

Dramatische Werke sind unter den Schriftwerken mitbegriffen. Falls ein solches Werk ausnahmsweise nicht schriftlich fixiert ist, kann es unter Umständen als ein dem Zwecke der Unterhaltung dienender Vortrag Schutz finden. Soweit für dramatische Werke Sonderbestimmungen getroffen sind, werden sie als Bühnenwerke bezeichnet, vgl. § 11 Abs. 2, § 12 Abs. 2 Nr. 3.

Bei dramatisch-musikalischen Werken wird der Text als Schriftwerk, die Musik als Werk der Tonkunst geschützt. Sondervorschriften bezüglich der Aufführung solcher Werke enthalten § 27 Abs. 2 und § 28 Abs. 2.

4. Die bloße subjektive Zweckbestimmung des Vortragenden oder Redenden genügt nicht, die Vorträge und Reden müssen nach ihrer objektiven Beschaffenheit einem der genannten Zwecke zu dienen geeignet sein.

Vorträge und Reden, welche keinem der im Gesetz angegebenen Zwecke dienen, sind nicht geschützt; es werden also regelmäßig Gelegenheitsansprachen und im Gespräche gefallene Äußerungen des Schutzes entbehren. Reden von Monarchen und Ministern bei offiziellen Gelegenheiten stehen nicht unter dem Schutze des Gesetzes.

Reden, die bei gerichtlichen Verhandlungen oder in politischen Versammlungen gehalten werden (vgl. § 17 A. 3) dienen, sofern der Redner in der Absicht, auf eine

Entscheidung oder Abstimmung einzuwirken, durch Gründe die Zuhörer zu überzeugen sucht, dem Zwecke der Belehrung.

Mündliche Mitteilungen von Tagesneuigkeiten durch den Fernsprecher von einer Zentralstelle aus (gesprochene Zeitung) fallen nicht unter das Urheberrecht.

5. Die Bestimmung in § 1 Nr. 3 will den gleichen Schutz gewähren wie § 43 des früheren Gesetzes vom 11. Juni 1870. Nur solche Abbildungen fallen darunter, welche nicht hauptsächlich ästhetische Zwecke verfolgen, vielmehr im wesentlichen den Charakter belehrender Darstellungen tragen. Nicht erforderlich ist, daß das den Gegenstand der Abbildung bildende industrielle Erzeugnis selbst Rechtsschutz genießt. Abbildungen, die ihrem Hauptzwecke nach als Kunstwerke zu betrachten sind, d. h. die hauptsächlich eine Befriedigung des ästhetischen Gefühls des Beschauers bezwecken, werden durch das an Stelle des Gesetzes vom 9. Januar 1876 getretene Gesetz vom 9. Januar 1907 (RGBl. 7) geschützt.

Auch Abbildungen können Urheberrechtsschutz nur beanspruchen, wenn sie wie die Schriftwerke sich als Ausfluß eigener geistiger Tätigkeit des Urhebers darstellen, RGZ. 70, 266. Eine der selbständigen Bearbeitung entbehrende Darstellung allgemein bekannter und deshalb als Gemeingut der gesamten Industrie zu bezeichnender Gegenstände genießt keinen Schutz, RGSt. 15, 407. Es genügt aber, wenn die Abbildungen als solche auf einer geistigen Tätigkeit ihres Urhebers, sei es auch einer solchen geringeren Grades, beruhen, d. h. nur ein darstellerischer Gedanke wird erfordert; der Zusatz „wissenschaftlicher oder technischer Art" trifft nur den dargestellten Gegenstand, nicht die Darstellung als solche, RGSt. 35, 328. Auch Abbildungen, die lediglich von vorübergehendem Wert oder Interesse sind, sind nicht ausgeschlossen. Schutzfähig sind deshalb auch die einem Preisbuch beigegebenen Abbildungen, die dem Leser das

Verständnis erleichtern und die beschriebenen Apparate und Maschinen anschaulicher machen sollen und bei denen die Individualität der Geistestätigkeit darin besteht, daß die Apparate und Maschinen in einer besonderen Form dargestellt werden, die bestimmt und geeignet ist, die Eigenart des einzelnen Gegenstandes deutlich erkennen zu lassen, RGSt. 39, 103. Dagegen fallen nicht unter das Gesetz Abbildungen in Preisbüchern, die nichts weiter enthalten, als eine der individuellen Formgebung ermangelnde Darstellung von Gegenständen, um die äußere Erscheinung der im Text beschriebenen Waren dem Publikum vorzuführen, RGZ. 70, 266.

Zum Begriff der Abbildungen technischer Art ist ferner erforderlich, daß die Abbildungen ihrer inneren Natur nach der Technik angehören — worunter die Gesamtheit der Mittel und Verfahren zur Herstellung von Kunst- und Gewerbeprodukten zu verstehen ist —, daß sie einen Gedanken aus dem Reiche der Technik zum Zwecke der Anleitung oder Unterweisung verkörpern, RGZ. 70, 266; RGSt. 39, 229.

Der Urheber braucht nicht auch subjektiv den Zweck der Belehrung zu verfolgen, vielmehr ist den gesetzlichen Voraussetzungen genügt, wenn der belehrende Zweck eine den Abbildungen ihrer inneren Natur nach immanente Eigenschaft bildet; der Urheberrechtsschutz wird deshalb für Abbildungen in Preisverzeichnissen nicht dadurch ausgeschlossen, daß die Veröffentlichungen nur geschäftlichen Zwecken dienen, insbesondere die Kauflust anregen soll; RGSt. 34, 431; 39, 103; vgl. auch GoltdArch. 48, 373; JW. 02, 305.

6. Während nach dem bisherigen Rechte choreographische und pantomimische Werke nur als Schriftwerke, also nur unter der Voraussetzung geschützt wurden, daß der Bühnenvorgang schriftlich festgelegt war, ist dieser Schutz durch den durch das Gesetz vom 22. Mai 1910 hinzugefügten Abs. 2 erweitert worden mit Rücksicht auf

die Fortschritte der modernen Reproduktionstechnik, insbesondere der Kinematographie und ähnlicher Verfahren (vgl. Art. 2 BÜ.). Diese Werke bilden also jetzt eine den Schriftwerken gleichgeordnete besondere Gattung von Schutzobjekten. Erfordernis des Schutzes ist auch bei ihnen, daß die festgelegten Bewegungsvorgänge einen Gedankenausdruck darstellen, der als ein Erzeugnis individueller geistiger Tätigkeit anzusprechen ist.

§ 2.

Urheber eines Werkes[1]) ist dessen Verfasser[2]). Bei einer Uebersetzung gilt der Uebersetzer, bei einer sonstigen Bearbeitung[3]) der Bearbeiter als Urheber[4]).

Wird ein Werk der Literatur oder der Tonkunst durch einen persönlichen Vortrag auf Vorrichtungen für Instrumente übertragen, die der mechanischen Wiedergabe für das Gehör dienen, so steht die auf diese Weise hergestellte Vorrichtung einer Bearbeitung des Werkes gleich. Das Gleiche gilt, wenn die Uebertragung durch Lochen, Stanzen, Anordnung von Stiften oder eine ähnliche Tätigkeit geschieht und die Tätigkeit als eine künstlerische Leistung anzusehen ist. Im Falle des Satz 1 gilt der Vortragende, im Falle des Satz 2 derjenige, welcher die Uebertragung bewirkt, als Bearbeiter[5]).

1. Der Begriff „Werk" umfaßt hier die sämtlichen gemäß § 1 geschützten Geisteserzeugnisse.

Als Werk im Sinne des Gesetzes kann sich auch ein literarisches Erzeugnis darstellen, das als Teil eines Schriftwerkes verfaßt ist, RGSt. 37, 386.

2. Verfasser ist derjenige, aus dessen individueller geistiger Tätigkeit das Werk hervorgegangen ist; also nicht derjenige, welcher nach Diktat eines anderen oder nach dessen genauen Angaben schreibt oder spricht oder eine Rede mittelst Stenogramms festhält oder eine gehörte Melodie in Noten setzt. Ebensowenig kann als Urheber eines Vortrags derjenige angesehen werden, der lediglich das, was dem Denken eines anderen entsprungen und von diesem zu Papier gebracht worden ist, auswendig lernt und vorträgt, DJZ. 07, 828. Dem Besteller als solchem steht ein Urheberrecht nicht zu (vgl. Gesetz über das Verlagsrecht vom 19. 6. 01, RGBl. 217 § 47). Unter Verfasser ist auch der Komponist eines Werkes der Tonkunst sowie der Zeichner, Bildner einer nach § 1 Nr. 3 geschützten Abbildung zu verstehen.

Keine Bestimmung enthält das Gesetz darüber, unter welchen Voraussetzungen dem Betriebsunternehmer das Urheberrecht an den Werken seiner Angestellten zustehe. Es steht rechtlich nichts entgegen, daß ein Verfasser seine schaffende Tätigkeit mit seinem Willen in den Dienst eines anderen mit der Wirkung stellt, daß nach dem Willen beider an dem Ergebnisse dem anderen das Urheberrecht zustehen soll, Bolze 18, 56. Ein derartiges Verhältnis wird sich namentlich häufig hinsichtlich der Abbildungen, die der Angestellte eines gewerblichen Betriebs in Ausführung der ihm obliegenden Verrichtungen anfertigt und die der Unternehmer veröffentlicht, auch ohne ausdrückliche Bestimmung des Dienstvertrags aus dem Arbeitsverhältnis, aus der gesamten Art des Betriebes und sonstigen Umständen ergeben, vgl. RGSt. 15, 406. Dagegen ist bei Schriftwerken, namentlich bei Zeitungen, ein Übergang des Urheberrechts an den Beiträgen der Mitarbeiter auf den Verleger in Ermangelung einer besonderen diesbezüglichen Vereinbarung nicht anzunehmen, vgl. auch VerlG. §§ 41 ff.

Eine Ausnahme von dem Grundsatze des § 2 enthält § 3.

3. Über den Begriff „Bearbeitung“ vgl. § 12 Abs. 1.

4. Ob der Übersetzer oder Bearbeiter zur Veranstaltung der Übersetzung oder sonstigen Bearbeitung berechtigt war, kommt für die Bestimmung des Paragraphen nicht in Betracht. Im Falle unrechtmäßiger Veranstaltung einer Übersetzung oder sonstigen Bearbeitung kann zwar der Urheber des Originalwerkes die ihm durch das Gesetz gewährten Ansprüche geltend machen, hierdurch wird aber nicht das Urheberrecht des Bearbeiters an sich, sondern nur die Ausnutzung dieses Rechtes berührt. Auch derjenige, welcher die Bearbeitung eines Werkes ohne Einwilligung von dessen Urheber vorgenommen hat, kann Schadensersatz und Buße im Falle der Verletzung seines Rechts verlangen, RGSt. 42, 390.

5. Abs. 2, der den Schutz der Vorrichtungen zur mechanischen Wiedergabe von Werken der Literatur und Tonkunst bezweckt, ist durch das Gesetz vom 22. Mai 1910 hinzugefügt. Der Begriff der Vorrichtungen für mechanische Musikinstrumente umfaßt alle Vorrichtungen ohne Unterschied, ob sie als fest eingefügte Bestandteile mit dem Instrument ein untrennbares Ganzes bilden oder ob sie auswechselbar sind (KomBer. II).

Derjenige, welcher durch persönlichen Vortrag ein Werk auf solche mechanischen Instrumente überträgt, genießt ohne weiteres als Bearbeiter Schutz ohne Rücksicht darauf, ob das Originalwerk als solches geschützt ist; derjenige, welcher die Übertragung durch Lochen, Stanzen usw. bewirkt, nur unter der weiteren Voraussetzung, daß eine individuelle künstlerische Leistung, nicht ein vorwiegend technisches Können in Frage steht; dabei wird es hauptsächlich darauf ankommen, daß bei der Übertragung auf die Vorrichtung solche Änderungen des Werkes in Betracht kommen, wie sie nur eine zu musikalischem Schaffen befähigte Person vornehmen kann.

Bei der Übertragung eines Werkes auf die vorerörterten Vorrichtungen wird eine stillschweigende Übertragung des Urheberrechts regelmäßig dann anzunehmen sein, wenn der Vortrag oder die Übertragung auf Grund einer besonderen Vereinbarung, einer Bestellung, eines schon bestehenden oder zu diesem Zweck eingegangenen Dienstverhältnisses erfolgt (KomBer. II).

§ 3.

Juristische Personen des öffentlichen Rechtes[1], die als Herausgeber ein Werk veröffentlichen[2], dessen Verfasser nicht auf dem Titelblatt, in der Zueignung, in der Vorrede oder am Schlusse[3] genannt wird, werden, wenn nicht ein anderes vereinbart ist, als Urheber des Werkes angesehen[4].

1. Z. B. der Fiskus, eine Gemeinde, Akademie, Universität usw. Dagegen findet die Vorschrift auf juristische Personen des Zivilrechts, z. B. auf Aktiengesellschaften, keine Anwendung. Dem Fiskus sowie den Körperschaften, Stiftungen und Anstalten des öffentlichen Rechtes kommt die Vorschrift auch dann zugute, wenn ein die juristische Person vertretendes Organ, z. B. eine Behörde, als Herausgeber bezeichnet ist.

2. Solange das Werk noch nicht veröffentlicht ist, steht das Urheberrecht gemäß § 2 an sich dem Verfasser zu. Ob die durch die juristische Person bewirkte Veröffentlichung zulässig ist oder einen Eingriff in das Urheberrecht des Verfassers enthält, bestimmt sich nach dem zwischen ihnen bestehenden Rechtsverhältnisse (KomBer. I).

3. Die Aufzählung der Stellen, an denen der Verfasser sich nennen kann, ist erschöpfend; die Namensangabe an einer anderen Stelle des Werkes, z. B. im Inhaltsverzeichnisse oder im Texte, kommt nicht in Betracht.

4. Die Dauer des Schutzes regelt § 32.

§ 4.

Besteht ein Werk aus den getrennten Beiträgen mehrerer (Sammelwerk)[1], so wird für das Werk

als ganzes[2]) der Herausgeber als Urheber angesehen. Ist ein solcher nicht genannt[3]), so gilt der Verleger als Herausgeber.

1. Von einem Sammelwerk ist zu unterscheiden:

a) eine Verbindung von Werken verschiedener Gattung zu einem einheitlichen Werke — Schriftwerk verbunden mit einem Werke der Tonkunst oder mit Abbildungen (§ 5);

b) ein einheitliches Werk, das durch Mitarbeit mehrerer entstanden ist, ohne daß die Arbeiten der verschiedenen Verfasser sich trennen lassen (§ 6).

Zum Begriff des Sammelwerkes ist nicht erforderlich, daß die einzelnen Beiträge in einem inneren Zusammenhange stehen, daß das Sammelwerk als solches ein einheitliches Ganzes sei; auch Zeitungen, Kalender und ähnliche Werke sind Sammelwerke im Sinne des Gesetzes (vgl. VerlG. § 41 und RGSt. 38, 241). Dagegen findet die Vorschrift des Paragraphen keine Anwendung auf eine Sammlung, welche aus Werken verschiedener Urheber in der Weise hergestellt wird, daß jedes dieser Werke ein selbständiges, mit den anderen nicht einmal äußerlich verbundenes Ganzes bleibt (z. B. Reklams Universalbibliothek). Ebensowenig ist ein Werk, das im wesentlichen aus einer einzigen Arbeit besteht und daneben nur einige untergeordnete, von anderen Verfassern herrührende Beigaben enthält, ein Sammelwerk im Sinne des Paragraphen.

Ein Zeitungsunternehmen als solches ist nicht Gegenstand eines Urheberrechts; es steht einem Handelsgeschäft gleich. Verpfändbar sind nur die einzelnen Verlagsrechte, welche die Urheber der Einzelbeiträge auf den Verleger übertragen haben, sowie die dem Verleger als Urheber jeder als Sammelwerk anzusehenden Nummer gemäß § 4 zustehenden Urheberrechte, JW. 08, 251.

2. Das Urheberrecht an dem einzelnen Beitrage steht

dem Verfasser zu. Inwieweit der Urheber in der Verfügung über den Beitrag gegenüber dem Verleger beschränkt ist, bestimmt sich nach dem zwischen ihnen bestehenden Vertragsverhältnisse; vgl. VerlG. §§ 3, 44.

Auch das Urheberrecht des Herausgebers kann nach § 41 dadurch verletzt werden, daß das Werk zu einem Teile vervielfältigt wird. Aber es wird nicht schon durch den Abdruck eines einzelnen Beitrags verletzt; denn es beruht auf der geistigen Tätigkeit, die durch Wahl und Prüfung der Beiträge und durch die Anordnung des Ganzen entwickelt wird. Nur soweit das Ergebnis dieser geistigen Tätigkeit durch teilweisen Abdruck des Sammelwerks verwertet wird, liegt ein Eingriff in das Urheberrecht des Herausgebers vor, RGRspr. 1, 199; RGSt. 38, 241.

3. Für die Nennung des Herausgebers ist nicht wie für die des Verfassers (vgl. §§ 3, 7) vorgeschrieben, daß die Nennung an einer bestimmten Stelle des Werkes erfolgen muß.

§ 5.

Wird ein Schriftwerk mit einem Werke der Tonkunst oder mit Abbildungen verbunden, so gilt für jedes dieser Werke dessen Verfasser auch nach der Verbindung als Urheber[1]).

1. Diese Vorschrift in Verbindung mit der Bestimmung im § 29 bewirkt, daß regelmäßig der Schutz für die Musik oder die Abbildungen zu anderer Zeit endigt als für den Text.

Es ist übrigens nicht ausgeschlossen, daß auf Grund des Vertragsverhältnisses der Urheber des einen Werkes zugleich über das Werk des anderen, z. B. der Komponist einer Oper über den Text, verfügen darf.

Für das Verhältnis zu Dritten kommt § 28 Abs. 2 in Betracht.

§ 6.

Haben mehrere ein Werk gemeinsam in der Weise verfaßt, daß ihre Arbeiten sich nicht trennen lassen, so besteht unter ihnen als Urhebern eine Gemeinschaft nach Bruchteilen im Sinne des Bürgerlichen Gesetzbuchs[1].

1. Der Begriff der Gemeinsamkeit setzt ein gewolltes Zusammenwirken mit durchweg wesentlichen Beitragsleistungen voraus, er wird durch eine bloße als untergeordnete Tätigkeit sich darstellende Beihilfe nicht erfüllt, SeuffBl. 74, 64. Wenn mehrere Urheber ein Werk gemeinsam in der Weise verfaßt haben, daß ihre Arbeiten sich nicht trennen lassen, so wird ihrem Verhältnisse zueinander in den meisten Fällen ein ausdrücklich oder stillschweigend abgeschlossener Vertrag (Gesellschaftsvertrag, Dienstvertrag, Werkvertrag, Auftrag) zugrunde liegen. In solchem Falle sind für das Rechtsverhältnis in erster Linie die Bestimmungen des Vertrages maßgebend, wobei ergänzend die einschlägigen Vorschriften des BGB. (Gesellschaft §§ 705 bis 740, Dienstvertrag §§ 611 bis 630, Werkvertrag §§ 631 bis 651, Auftrag §§ 662 bis 676) Platz greifen. Nur wenn das Rechtsverhältnis sich nicht auf Vertrag gründet, finden die §§ 741 bis 758 BGB. Anwendung. Das Rechtsverhältnis gestaltet sich dann im wesentlichen folgendermaßen:

Den Miturhebern steht das Urheberrecht im Zweifel zu gleichen Teilen zu (§ 742). Die Erträge des Urheberrechts gebühren den Miturhebern nach Verhältnis der Anteile (§ 743). Eine wesentliche Veränderung des gemeinschaftlichen Rechts, insbesondere durch Veröffentlichung eines bisher nicht veröffentlichten Werkes, kann gegen den Widerspruch eines der Urheber nicht beschlossen werden (§ 745 Abs. 3). Dies gilt jedoch natürlich dann nicht, wenn die Vereinigung der Urheber zu gemeinsamer Tätigkeit bereits in der Absicht erfolgt ist, das Werk zu veröffentlichen, es sei denn, daß nachträglich Umstände eingetreten sind, für welche nach Treu und Glauben die Veröffentlichung nicht als vereinbart anzusehen ist. Alle Verfügungen über das Urheberrecht im ganzen, d. h. alle Rechtsgeschäfte, welche unmittelbar auf die Übertragung, Belastung oder Änderung des Urheberrechts im ganzen abzielen, können nur von allen Teilnehmern gemeinschaftlich vorgenommen werden (§ 747). Danach ist insbesondere zum Abschluß eines Verlagsvertrags die Zustimmung aller Miturheber erforderlich. Die Prozeßführung enthält keine Verfügung über das Urheberrecht; es steht deshalb im Falle der Verletzung der Befugnisse der Miturheber jedem Miturheber für sich und unabhängig von den anderen Miturhebern das Verfolgungsrecht zu. Verfügungen über seinen Anteil kann jeder Miturheber treffen. Jeder Miturheber hat ferner einen unverjährbaren Anspruch auf Aufhebung der Gemeinschaft. Durch Vertrag kann jedoch dieser Anspruch, sofern nicht ein wichtiger Grund für die Aufhebung vorliegt, für immer oder auf Zeit ausgeschlossen oder von Einhaltung einer Kündigungsfrist abhängig gemacht werden (§ 749). Da die Aufhebung der Gemeinschaft durch Verkauf des Urheberrechts nach den Vorschriften für den Pfandverkauf erfolgt (§ 753), so muß das Recht, die Aufhebung der Gemeinschaft zu verlangen insbesondere dann als ausgeschlossen gelten, wenn das Werk nicht von sämtlichen Verfassern zur Veröffentlichung bestimmt ist.

§ 7.

Enthält ein erschienenes[1]) Werk auf dem Titelblatt, in der Zueignung, in der Vorrede oder am Schlusse den Namen eines Verfassers[2]), so wird vermutet[3]), daß dieser der Urheber des Werkes sei. Ist das Werk durch Beiträge mehrerer gebildet, so

genügt es, wenn der Name an der Spitze oder am Schlusse des Beitrags angegeben ist.

Bei Werken, die unter einem anderen als dem wahren Namen des Verfassers oder ohne den Namen eines Verfassers erschienen[1]) sind, ist der Herausgeber, falls aber ein solcher nicht angegeben ist[4]), der Verleger[5]) berechtigt, die Rechte des Urhebers wahrzunehmen[6]).

Bei Werken, die vor oder nach dem Erscheinen[1]) öffentlich aufgeführt oder vorgetragen sind, wird vermutet, daß derjenige der Urheber sei, welcher bei der Ankündigung der Aufführung oder des Vortrags als Verfasser bezeichnet worden ist[7]).

1. Nach dem Sprachgebrauche des Gesetzes ist von besonderer Wichtigkeit die Unterscheidung zwischen dem Erscheinen eines Werkes und zwischen seiner Veröffentlichung. Unter dem Erscheinen ist stets nur die Herausgabe im Verlagshandel, also das öffentliche Angebot von Vervielfältigungen zu verstehen. Dagegen werden alle Handlungen, durch die das Werk an die Öffentlichkeit gebracht wird, also namentlich auch die Aufführung und der Vortrag, unter dem Ausdrucke „Veröffentlichung" zusammengefaßt. Abweichend ist der Sprachgebrauch der Berner Übereinkunft vgl. Art. 4 Abs. 4.

2. Damit, daß sich der Name einer Firma auf dem erschienenen Werke befindet, wird in Ermangelung eines Hinweises darauf, wer der Verfasser ist, dem Erfordernisse des § 7 Abs. 1 nicht genügt, OLG. 14, 424.

3. Gegen diese gesetzliche Vermutung ist Gegenbeweis zulässig.

4. Bestimmte Stellen für die Namensangabe des Herausgebers sieht das Gesetz nicht vor.

5. Ob der Verleger auf dem Werk genannt ist oder nicht, ist unerheblich.

6. Sonstige Befugnisse, insbesondere zur Verfügung über das Urheberrecht, stehen dem Herausgeber bzw. Verleger nicht zu.

Durch diese Befugnis des Herausgebers bzw. Verlegers wird der nachgewiesene Urheber von eigener Wahrnehmung seiner Rechte nicht ausgeschlossen, Recht 07, 73.

7. Ist ein nicht erschienenes Werk anonym oder pseudonym aufgeführt oder vorgetragen worden, so fehlt es an einer dem Abs. 2 entsprechenden Bestimmung. Der Urheber muß in solchem Falle mit seiner Persönlichkeit hervortreten, wenn Urheberrechtsverletzungen verfolgt werden sollen.

§ 8.

Das Recht des Urhebers geht auf die Erben über[1]).

Ist der Fiskus oder eine andere juristische Person gesetzlicher Erbe[2]), so erlischt das Recht, soweit es dem Erblasser zusteht[3]), mit dessen Tode.

Das Recht kann beschränkt oder unbeschränkt auf andere übertragen werden[4]); die Uebertragung kann auch mit der Begrenzung auf ein bestimmtes Gebiet geschehen[5]).

1. Für die Vererbung des Urheberrechts sind die Vorschriften des BGB. maßgebend. Hinterläßt der Urheber mehrere Erben, so bestimmt sich das Rechtsverhältnis der Erben untereinander nach §§ 2032ff. BGB. Verfügungen über das Urheberrecht können die Miterben nur gemeinschaftlich treffen, vgl. § 6 A. 1.

2. Der Fiskus ist nur dann gesetzlicher Erbe, wenn zur Zeit des Erbfalls weder ein Verwandter noch ein

Ehegatte des Erblassers vorhanden ist, § 1936 BGB. Die Feststellung, daß ein anderer Erbe als der Fiskus nicht vorhanden ist, erfolgt durch das Nachlaßgericht nach vorherigem Aufgebotsverfahren, §§ 1964, 1965 BGB. Nach Art. 138 EGBGB. bleiben die landesgesetzlichen Vorschriften, nach denen an Stelle des Fiskus eine Körperschaft, Stiftung oder Anstalt des öffentlichen Rechtes gesetzlicher Erbe ist, unberührt, vgl. z. B. ALR. II 19 §§ 50ff., II 16 § 22.

3. Bestand hinsichtlich des Urheberrechts zwischen dem Erblasser und anderen eine Gemeinschaft nach Bruchteilen gemäß § 6, so wächst der Anteil des Erblassers den übrigen Berechtigten zu.

4. Die Übertragung kann formlos gemäß § 413 BGB. erfolgen. Die Widmung eines Gedichts enthält weder einen Verzicht auf das Urheberrecht noch eine Übertragung; sie ist lediglich ein Akt der Ehrung und kein Rechtsgeschäft, DJZ. 08, 344. Auch ein Pfandrecht (§§ 1273ff. BGB.) oder ein Nießbrauch (§§ 1068ff. BGB.) kann an dem Urheberrecht bestellt werden.

Ist das Urheberrecht beschränkt übertragen worden, so stehen die Befugnisse des Urhebers zum Teil dem ursprünglichen Inhaber, zum Teil dem Erwerber zu; jeder Teil macht sich durch eine Vervielfältigung, Verbreitung, Aufführung usw., die mit dem Rechte des anderen Teiles unvereinbar ist, einer Verletzung des Urheberrechts schuldig. Eine beschränkte Übertragung liegt aber immer nur dann vor, wenn der Gegenstand der Übertragung aus der Gesamtheit der urheberrechtlichen Befugnisse in einer Weise abgegrenzt wird, daß noch ein Rest der urheberrechtlichen Befugnisse dem Übertragenden verbleibt; nicht aber dann, wenn dem Übertragenden keinerlei urheberrechtliche Befugnis verbleibt und der Erwerber nur in der Ausübung der ihm übertragenen Befugnisse, z. B. durch Festsetzung eines bestimmten Ladenpreises, beschränkt wird, vgl. § 11 A. 3.

Ein Urheber, der ein Verlagsrecht eingeräumt hat, bleibt neben dem Verleger befugt, Urheberrechtsverletzungen, die in das ihm verbliebene Recht eingreifen, zu verfolgen, vgl. § 45 A. 2.

5. Beschränkungen in der Übertragung des Urheberrechts sind sowohl zulässig, wenn es sich um Verbreitung als auch, wenn es sich um Vervielfältigung, bestimmte Arten der Vervielfältigung oder um Aufführung handelt. Besondere praktische Bedeutung gewinnt die Vorschrift im sogenannten geteilten Verlagsrecht. Die Übertragung des Verlagsrechts erfolgt namentlich für Musikalien häufig an verschiedene Verleger in der Weise, daß jedem ein bestimmtes räumliches Gebiet zugewiesen wird, von dem die übrigen ausgeschlossen sind. Ist ein solches geteiltes Verlagsrecht begründet, so enthält die gewerbsmäßige Verbreitung von Exemplaren, die der eine Verleger für sein Verlagsgebiet hergestellt hat, in dem Gebiete des anderen Verlegers eine nach §§ 36, 38 Abs. 1 Nr. 1 zu ahndende Rechtsverletzung. In allen Fällen kann auch gemäß § 42 die Vernichtung der widerrechtlich verbreiteten Exemplare verlangt werden. Die nicht gewerbsmäßige Verbreitung dagegen ist stets unbeschränkt zulässig.

§ 9.

Im Falle der Uebertragung des Urheberrechts hat der Erwerber, soweit nicht ein anderes vereinbart ist[1]), nicht das Recht, an dem Werke selbst, an dessen Titel und an der Bezeichnung des Urhebers Zusätze, Kürzungen oder sonstige Aenderungen vorzunehmen[2]).

Zulässig sind Aenderungen, für die der Berechtigte seine Einwilligung nach Treu und Glauben nicht versagen kann[3]).

1. Die Vereinbarung braucht nicht ausdrücklich zu erfolgen, sie kann auch aus den Umständen des Falles gefolgert werden. Es kann sowohl die Zulässigkeit einzelner bestimmter Änderungen als auch allgemein jeder dem Erwerber wünschenswert erscheinenden Änderung vereinbart werden.

2. Die ausschließliche Befugnis des Urhebers, über Bestand und Form des Werkes zu verfügen, wird in § 9 als selbstverständlich vorausgesetzt. Diese Befugnis verbleibt ihm auch, wenn er das Werk in den Verkehr gebracht hat. Er kann zwar nicht mehr die gewerbsmäßige Verbreitung der abgesetzten Exemplare untersagen, wohl aber fordern, daß sie unter Wahrung der ursprünglichen Gestalt geschieht, und die Verbreitung des abgeänderten Werkes verbieten. Auch das nach § 11 der ausschließlichen Befugnis des Urhebers entzogene Verleihen trifft nur das Werk in der ihm vom Urheber gegebenen Gestalt. Indessen ist darin, daß einzelnen Nummern einer Zeitschrift Annoncen als Beiblätter eingeheftet werden, deren Färbung und Format sie als fremde Zutaten ohne weiteres kenntlich machen, eine Änderung des Sammelwerks nicht zu erblicken, da der in bestimmter Form in die äußere Erscheinung tretende Gedankeninhalt des Sammelwerks hierdurch nicht geändert wird, RGZ. 69, 242. Das Verbot der Vornahme von Änderungen erstreckt sich auch auf die öffentliche Aufführung; Streichungen an Opern und sonstigen Tonwerken zum Zwecke der Aufführung sind danach ohne Einwilligung des Komponisten unzulässig. Zuwiderhandlungen machen nach § 37 schadensersatzpflichtig und werden nach § 38 Abs. 2, 3 bestraft. Für das Verlagsrecht ist die entsprechende Vorschrift im § 13 VerlG. enthalten.

3. Abs. 2 enthält eine Ausnahmevorschrift und darf nicht ausdehnend ausgelegt werden, vgl. auch § 44 VerlG. Der Leiter einer Zeitung ist nicht ohne weiteres berechtigt, einen Artikel inhaltlich zu kürzen, wenn dies durch das

technische Bedürfnis bei Herstellung der Zeitung gerechtfertigt wird. Trifft die Voraussetzung des Abs. 2 zu, so darf die Änderung bewirkt werden, ohne daß es erforderlich wäre, zuvor mit dem Berechtigten in Verbindung zu treten.

§ 10.

Die Zwangsvollstreckung[1]) in das Recht des Urhebers[2]) oder in sein Werk[3]) findet gegen den Urheber selbst ohne dessen Einwilligung nicht statt; die Einwilligung kann nicht durch den gesetzlichen Vertreter erteilt werden. Gegen den Erben[4]) des Urhebers ist ohne seine Einwilligung die Zwangsvollstreckung nur zulässig, wenn das Werk erschienen[5]) ist[6]).

1. Die Vorschriften des Paragraphen beschränken nur die allgemeine Befugnis der Gläubiger, das Vermögen ihres Schuldners in Anspruch zu nehmen. Dagegen greifen sie nicht Platz, wenn es sich darum handelt, Befriedigung aus einem Pfandrecht zu erzielen, dessen Gegenstand das Urheberrecht ist (§ 1277 BGB.), oder die Aufhebung einer Gemeinschaft herbeizuführen — vgl. § 6 A. 1 — (§ 753 BGB.) oder ein sonstiges auf einem besonderen Titel beruhendes Recht zwangsweise zu verwirklichen. Auch die Möglichkeit bleibt offen, gegen den Urheber die Rechte aus einem Verlagsvertrage zu verfolgen, namentlich die Herausgabe der Handschrift behufs Veröffentlichung des Werkes zu erzwingen.

Auf die Zwangsvollstreckung in das Recht des Urhebers finden die §§ 828ff. ZPO. entsprechende Anwendung, § 857 ZPO.

2. In Forderungen, die dem Urheber aus seinem Rechte erwachsen sind, wie Ansprüche auf Vergütung oder Schadensersatz, ist die Zwangsvollstreckung zulässig.

3. Unter „Werk" ist hier die Handschrift oder das ihr gleichstehende Schriftstück zu verstehen, KomBer. I Die Zwangsvollstreckung in das Manuskript unterliegt also den gleichen Beschränkungen wie die Zwangsvollstreckung in das Urheberrecht selbst.

4. Die Zwangsvollstreckung gegen sonstige Rechtsnachfolger des Urhebers außer dem Erben, z. B. Zessionare, unterliegt keinerlei Beschränkung.

5. Über den Begriff „erscheinen" vgl. § 7 A. 1, § 35.

6. Zur Konkursmasse gehört das Urheberrecht nur, insoweit es der Zwangsvollstreckung unterliegt, KO. § 1.

Zweiter Abschnitt.

Befugnisse des Urhebers.

§ 11.

Der Urheber hat die ausschließliche Befugnis, das Werk[1]) zu vervielfältigen[2]) und gewerbsmäßig zu verbreiten[3]); die ausschließliche Befugnis erstreckt sich nicht auf das Verleihen[4]). Der Urheber ist ferner, solange nicht der wesentliche Inhalt des Werkes öffentlich mitgeteilt ist[5]), ausschließlich zu einer solchen Mitteilung befugt[6]).

Das Urheberrecht an einem Bühnenwerk[7]) oder an einem Werke der Tonkunst enthält auch die ausschließliche Befugnis, das Werk öffentlich aufzuführen[8]).

Der Urheber eines Schriftwerkes oder eines Vortrags hat, solange nicht das Werk erschienen[9]) ist, die ausschließliche Befugnis, das Werk öffentlich vorzutragen[10]).

1. Vgl. § 2 A. 1. Das dem Urheber zustehende Recht beschränkt sich nicht auf eine erstmalige Ausgabe, sondern umfaßt regelmäßig auch alle späteren Veröffentlichungen. Das ALR. (§§ 1011, 1012 I 11) unterschied die Auflage — den neuen unveränderten Abdruck einer Schrift in ebendemselben Format — von der Ausgabe — dem Neudruck in verändertem Format oder mit Veränderungen im Inhalt. Für das geltende Recht ist dieser Unterschied ohne Bedeutung; man bezeichnet regelmäßig jeden neuen Abdruck als neue Auflage, unter neuer Ausgabe versteht man einen Abdruck in äußerlich veränderter Form. Stets steht der neue Abdruck unter demselben gesetzlichen Schutz wie der alte. Insbesondere ist es bei umgearbeiteten Publikationen gleichgültig, ob dieselben „vermehrte und verbesserte" oder abgekürzte Ausgaben sind, RGSt. 16, 352; vgl. auch § 29 A. 2.

2. Die näheren Bestimmungen bezüglich des Vervielfältigungsrechts enthält § 15, vgl. daselbst A. 1. Unter den Begriff „Vervielfältigen" fällt auch die Wiedergabe eines Schriftwerkes durch andere Zeichen als das Original enthält, z. B. die Übertragung eines Schriftwerks auf phonographische Vorrichtungen (vgl. § 22). Eine den Tonsatz eines Originalmusikwerks wiedergebende Aufzeichnung muß auch dann als Vervielfältigung angesehen werden, wenn dazu solche Zeichen verwendet sind, die als Noten im herkömmlichen technischen Sinne nicht zu bezeichnen sind (Herstellung eigenartiger Notenblätter für Gitarrzithern), DJZ. 04, 948.

Von der Vervielfältigung zu unterscheiden ist die Mitteilung des wesentlichen Inhalts (vgl. A. 3, 4) und das Plagiat, d. h. die bloße Benutzung des Inhalts fremder Werke unter Verschweigung des ursprünglichen Verfassers; in Vervielfältigung geht das Plagiat erst dann über, wenn das fremde Werk nicht nur seinem Inhalte nach, sondern auch seiner Form nach wiedergegeben wird.

Über Schadensersatzpflicht vgl. § 36, über Bestrafung § 38 Abs. 1 Nr. 1.

3. Unter Verbreitung ist jede Überlassung eines Exemplars zu verstehen, durch welche dieses einem größeren Personenkreise zugänglich gemacht wird; dagegen nicht die bloße Mitteilung seines Inhalts (durch Vorlesen eines Schriftwerkes, Vortrag eines Musikstückes). Abweichend vom bisherigen Rechte ist auch zur Verbreitung rechtmäßig hergestellter Exemplare stets die Einwilligung des Urhebers erforderlich.

Gewerbsmäßiges Handeln setzt die auf fortgesetzten Erwerb gerichtete Absicht — nicht die Erlangung solchen Erwerbes — voraus; gewerbsmäßige Verbreitung eines gegen Nachdruck geschützten Werkes liegt nicht nur da vor, wo die Verbreitung der Nachdrucksexemplare in gewinnsüchtiger Absicht erfolgt, sondern auch da, wo sie überhaupt innerhalb der Sphäre eines Gewerbebetriebs, als Ausfluß einer auf fortgesetzten Erwerb gerichteten Tätigkeit vor sich geht, RGSt. 37, 369; 39, 111; Recht 09 Rsprbeil. Nr. 3509.

Die gewerbsmäßige Weiterverbreitung der vom Urheber oder Verleger in den Verkehr gebrachten Werke kann nicht mit urheberrechtlicher Wirkung in der Weise beschränkt werden, daß trotz gegenständlich unbeschränkter Übertragung des Verbreitungsrechts (vgl. § 4 A. 4) Vorschriften darüber aufgestellt werden, wie der Inhalt der als Ausübung der übertragenen urheberrechtlichen Befugnis sich darstellenden Handlungen im einzelnen zu gestalten, z. B. zu welchem Ladenpreis ein Buch feilzuhalten ist. Derartige Vereinbarungen wirken nur obligatorisch unter den Kontrahenten, gleichviel ob ein Dritter davon Kenntnis hat oder nicht. Denn eine beschränkte Übertragung des Verbreitungsrechts im Sinne des § 8 liegt nur dann vor, wenn noch ein Rest dieser Befugnis bei dem Übertragenden zurückbleibt, dessen Verletzung urheberrechtlicher Ahndung unterliegt; dies ist aber nicht der

Fall, wenn lediglich für die wirtschaftliche Gestaltung der zum Zwecke der Verbreitung vorzunehmenden Rechtsgeschäfte Schranken festgesetzt werden, RG. 39, 108 (vgl. auch RGSt. 42, 32), und mit abweichender Begründung RGZ. 63, 394; 69, 243.

Unabhängig vom Rechte des Urhebers ist jeder Besitzer eines Exemplars befugt, dasselbe zu verleihen, vgl. A. 4.

Über geteiltes Verlagsrecht vgl. § 8 A. 4, über Schadensersatzpflicht § 36, über Bestrafung § 38 Abs. 1 Nr. 1.

4. Verleihen ist nicht auf den Abschluß eines Leihvertrags im Sinne des BGB. §§ 598ff. zu beschränken. Unzweifelhaft fällt auch das Begeben von Büchern aus einer Leihbibliothek, welches im Sinne des BGB. einen Mietvertrag darstellt, darunter, Begr. 1 S. 21. Man wird jede vertragsmäßige entgeltliche oder unentgeltliche Gestattung des Gebrauchs eines Exemplars darunter verstehen müssen.

5. Vgl. § 35.

6. Über Schadensersatzpflicht vgl. § 36, über Bestrafung § 39.

7. Über Bühnenwerke vgl. § 1 A. 3. Bühnenwerke sind nicht nur solche Werke, die aufführungsfähig sind, sondern alle solche, welche zur Aufführung auf der Bühne bestimmt sind. Die Frage, ob die Aufführung tatsächlich möglich ist, ob sie insbesondere als eine erfolgreiche ausführbar ist, scheidet für die Begriffsbestimmung aus, Recht 09 Rsprbeil. Nr. 2734. Werke, die sich zwar als Dramen bezeichnen, aber überhaupt nicht zur Aufführung bestimmt sind (Psychodramen), fallen nicht hierunter.

8. Unter Aufführung eines Bühnenwerks ist jede Darstellung mit verteilten Rollen und mit szenischer Handlung zu verstehen; in welchem Kostüm die Darstellung stattfindet, ist unerheblich. Das bloße Vorlesen durch einen einzelnen fällt nicht darunter.

Aufführung eines Werkes der Tonkunst ist jede Wiedergabe auf musikalischem Wege, RGSt. 41, 287.

Bei einem dramatisch-musikalischen Werke liegt, da das Werk rechtlich aus zwei selbständigen Teilen, dem Text und der Musik, besteht, eine Aufführung schon dann vor, wenn die Musik zur Wiedergabe gelangt.

Das Aufführungsrecht kann mit der Auflage des Notenerwerbes übertragen werden, dergestalt, daß die Aufführung mit geliehenen Noten von der Bewilligung nicht gedeckt wird und das Urheberrecht verletzt; der § 11 schränkt zwar durch seine Bestimmung, daß die ausschließliche Befugnis sich nicht auf das Verleihen erstrecke, das ausschließliche Verbreitungsrecht in gewisser Beziehung ein, ein solches steht aber hier nicht in Frage, JW. 06, 261.

Private Aufführungen sind unbeschränkt zulässig; hierzu gehören aber nicht solche in Vereinen, welche einer großen Anzahl von Personen gegen leicht zu erfüllende Bedingungen den Zutritt gewähren, DJZ. 96, 98.

Bei erschienenen Werken der Tonkunst ist ein ausdrücklicher Vorbehalt des Aufführungsrechts nicht mehr erforderlich. Bezüglich der vor dem Inkrafttreten des Gesetzes erschienenen Werke der Tonkunst sind Übergangsbestimmungen im § 61 getroffen.

Ausnahmen von der ausschließlichen Aufführungsbefugnis des Urhebers enthält § 27.

Über Schadensersatzpflicht vgl. § 37, über Bestrafung § 38 Abs. 1 Nr. 2.

9. Über den Begriff „erschienen" vgl. § 7 A. 1; vgl. ferner § 35.

10. Über Schadensersatzpflicht vgl. § 37, über Bestrafung § 38 Abs. 1 Nr. 2.

§ 12.

Die ausschließlichen Befugnisse, die dem Urheber nach § 11 in Ansehung des Werkes selbst zustehen, erstrecken sich auch auf die Bearbeitungen[1]) des Werkes.

Die Befugnisse des Urhebers erstrecken sich insbesondere auf:

1. die Uebersetzung in eine andere Sprache[2]) oder in eine andere Mundart derselben Sprache, auch wenn die Uebersetzung in gebundener Form abgefaßt ist;
2. die Rückübersetzung[3]) in die Sprache des Originalwerkes;
3. die Wiedergabe einer Erzählung[4]) in dramatischer Form oder eines Bühnenwerkes in der Form einer Erzählung[5]);
4. die Herstellung von Auszügen aus Werken der Tonkunst sowie von Einrichtungen solcher Werke für einzelne oder mehrere Instrumente oder Stimmen[6]);
5. die Uebertragung des Werkes auf Vorrichtungen für Instrumente, die der mechanischen Wiedergabe für das Gehör dienen, insbesondere auf auswechselbare Scheiben, Platten, Walzen, Bänder und sonstige Zubehörstücke solcher Instrumente[7]);
6. die Benutzung eines Schriftwerkes zu einer bildlichen Darstellung, welche das Originalwerk seinem Inhalt nach im Wege der Kinematographie oder eines ihr ähnlichen Verfahrens wiedergibt[8]).

1. Die „Bearbeitung“ steht in der Mitte zwischen solchen Erzeugnissen, deren Veränderungen gegenüber dem Original so geringfügig sind, daß es sich trotz ihrer um

eine in wesentlich identischer inhaltlicher Fassung erfolgte Wiedergabe und damit um eine rein mechanische Vervielfältigung des Originals handelt, einerseits und solchen Schöpfungen andererseits, deren Veränderungen von solcher Bedeutung sind, daß von einer unter Verwertung des gegebenen Inhalts des Originals vorgenommenen, auf eigener geistiger Tätigkeit beruhenden selbständigen Verarbeitung des vorhandenen Stoffes in durchaus individueller Formgebung und mithin von freier Benutzung zur Hervorbringung einer eigentümlichen Schöpfung (§ 13) gesprochen werden muß, RGSt. 42, 390. Es ist der Rechtsprechung überlassen, auch noch andere als die im Abs. 2 ausdrücklich aufgeführten Verwertungen für unerlaubte Bearbeitungen zu erklären, z. B. Wiedergabe eines Bühnenwerkes in Form eines Gedichts.

2. Der Urheber ist hiernach gegen die Wiedergabe seines Werkes in einer Übersetzung unter denselben Voraussetzungen und für denselben Zeitraum geschützt, wie gegen Wiedergabe des Werkes in der Ursprache, vgl. BÜ. Art. 8.

Ist das Urheberrecht eines Übersetzers, dem die Übersetzung vom Urheber des Originalwerks gestattet war, früher als der Schutz des Originalwerks erloschen, so bleibt doch der letztere in seinem vollen ursprünglichen Umfange bestehen; es kann deshalb der Urheber des Originalwerks auch die Vervielfältigung und Verbreitung oder Aufführung der Übersetzung jedem Dritten gemäß § 12 verbieten; das Urheberrecht an dem Originalwerk ist nur während des Bestehens des Urheberrechts an der Übersetzung durch dieses beschränkt gewesen, RGZ. 71, 92; JW. 09, 507.

3. „Rückübersetzung" umfaßt sowohl die Rückübertragung aus einer anderen Sprache (vgl. RGSt. 37, 386) als auch die Rückübertragung aus einer anderen Mundart derselben Sprache.

4. Nicht bloß Prosawerke, sondern auch metrische

Dichtungen, z. B. Epen, können im Sinne des Gesetzes als „Erzählungen" anzusehen sein.

5. Der bloße Stoff, der Vorwurf einer Erzählung oder eines Schauspiels oder das Motiv einer einzelnen komischen oder tragischen Szene eines dramatischen Werkes (z. B. einer Entkleidungsszene) soll durch die Vorschrift nicht geschützt werden. Voraussetzung ihrer Anwendbarkeit ist, daß es sich um eine Bearbeitung handelt, bei der die literarische Leistung des Dichters des Originalwerkes ausgenutzt wird. Die üblichen Besprechungen eines Bühnenwerkes in Zeitungen und Zeitschriften fallen nicht unter das Verbot, vgl. BÜ. Art. 12.

6. Arrangements, Transskriptionen, Adaptationen u. dgl. Auch Potpourris fallen hierunter, sofern sie sich als Auszüge aus einem Werke der Tonkunst darstellen, vgl. auch § 13 A. 3.

7. Die durch G. v. 22. Mai 1910 hinzugefügte Nr. 5 hebt nur eine aus der ausschließlichen Vervielfältigungsbefugnis des Urhebers ohne weiteres sich ergebende Berechtigung besonders hervor, weil nach bisherigem Recht insoweit eine Ausnahme hinsichtlich der Werke der Tonkunst bestand. Zu den Instrumenten, die der mechanischen Wiedergabe für das Gehör dienen, gehören auch die Sprechmaschinen (Grammophone, Phonographen) ohne Unterschied des Grades ihrer Vollkommenheit.

8. Nr. 6 ist durch G. v. 22. Mai 1910 angefügt, vgl. BÜ. Art. 14 Abs. 1. Über den Schutz der im Wege der Kinematographie oder eines dieser ähnlichen Verfahrens hergestellten Werke, vgl. G., betr. das Urheberrecht an Werken der bildenden Künste und Photographie, vom 9. Januar 1907 § 15a.

§ 13.

Unbeschadet der ausschließlichen Befugnisse, die dem Urheber nach § 12 Abs. 2 zustehen[1]), ist die

freie Benutzung seines Werkes zulässig, wenn dadurch eine eigentümliche Schöpfung hervorgebracht wird[2]).

Bei einem Werke der Tonkunst ist jede Benutzung unzulässig, durch welche eine Melodie[3]) erkennbar dem Werke entnommen und einer neuen Arbeit zugrunde gelegt wird[4]).

1. Durch den Vorbehalt wird klargestellt, daß die im § 12 Abs. 2 bezeichneten Bearbeitungen auch dann unzulässig sind, wenn an und für sich in der dem Werke gegebenen neuen Form, insbesondere in der anderen Sprache oder der dramatischen Gestaltung, das Merkmal einer eigentümlichen Schöpfung zu finden ist, KomBer. I.

2. Abs. 1 enthält den allgemeinen Grundsatz über die Zulässigkeit mittelbarer Aneignung (Utilisation, Adaptation) fremder Werke. Es wird danach erfordert, daß das neue Werk im Verhältnisse zu dem benutzten ein Erzeugnis von selbständiger Eigenart sei, vgl. BÜ. Art. 12. Begrifflich ist der Gegensatz zur freien Benutzung eine Nachbildung, die nur durch unwesentliche Umänderungen oder Zusätze sich von ihrem Vorbilde unterscheidet, die, in der Hauptsache die Identität des Werkes unberührt lassend, nur als eine Reproduktion des Originals bezeichnet werden kann. Von selbst ergibt sich daraus, daß einem Werke dessen Motive entlehnt werden dürfen, sofern sie in so eigenartiger Weise verarbeitet werden, daß das Erzeugnis sich als eine eigene geistige Schöpfung darstellt. Die Sondervorschrift im § 12 Nr. 3, welche den Begriff der freien Benutzung eines Werkes zur Hervorbringung einer eigentümlichen Schöpfung wesentlich beschränkt, darf nicht zur grundsätzlichen Abgrenzung des Begriffs der freien Benutzung im Sinne des § 13 Abs. 1 verwendet werden, RGZ. 63, 158.

3. Was ein Tongebilde zur Melodie macht, ist im Gesetz nicht gesagt und aus der Kompositionslehre zu entnehmen. Nicht erforderlich ist, daß es sich um einen völlig abgeschlossenen musikalischen Gedanken handelt; andererseits bilden aber einzelne Takte als solche, einzelne Akkorde noch keine Melodie. Man wird als Melodie jede Tonfolge von musikalischer Eigenart aufzufassen haben, z. B. auch sogenannte Motive, Themen usw.

4. Abs. 2 soll der Melodie einen über den allgemeinen Grundsatz des Abs. 1 hinausgehenden Schutz gewähren. Variationen, Phantasien, Potpourris u. dgl., denen eine geschützte Melodie zugrunde gelegt ist, sind danach ohne Einwilligung des Urhebers auch dann nicht zulässig, wenn die Melodie in künstlerischer Weise verarbeitet ist. Die Vorschrift richtet sich lediglich gegen wissentliche Entlehnung erkennbarer Melodien, die unbewußte musikalische Erinnerung wird durch sie nicht berührt. Auch ist die wissentliche Entlehnung nur dann verboten, wenn sie der neuen Arbeit „zugrunde gelegt" ist; Entlehnungen, die innerhalb eines größeren Musikwerkes, z. B. einer Sinfonie, nur beiläufig vorkommen, sind, sofern die Voraussetzungen des Abs. 1 auf dieses Musikwerk zutreffen, zulässig. Die beiläufige Einfügung einer geschützten, nicht künstlerisch verarbeiteten Melodie in ein Potpourri wird regelmäßig die Anwendung des Abs. 1 nicht rechtfertigen und ist deshalb unzulässig. Musikalische Satiren und Parodien werden durch die Vorschrift nicht betroffen, weil bei solchen Werken der fremde musikalische Gedanke nur den Ausgangspunkt für eine neue Schöpfung bildet, die vermöge ihres humoristischen Zweckes auf ganz andere Wirkungen abzielt als das Originalwerk.

§ 14.

Im Falle der Uebertragung des Urheberrechts verbleiben, soweit nicht ein anderes vereinbart ist[1]), dem Urheber seine ausschließlichen Befugnisse[2]):

1. für die Uebersetzung eines Werkes in eine andere Sprache oder in eine andere Mundart;
2. für die Wiedergabe einer Erzählung in dramatischer Form oder eines Bühnenwerkes in der Form einer Erzählung[3]);
3. für die Bearbeitung eines Werkes der Tonkunst, soweit sie nicht bloß ein Auszug oder eine Uebertragung in eine andere Tonart oder Stimmlage ist;
4. für die Benutzung des Werkes zum Zwecke der mechanischen Wiedergabe für das Gehör (§ 12 Abs. 2 Nr. 5)[4]);
5. für die Benutzung eines Schriftwerkes zum Zwecke der kinematographischen Wiedergabe (§ 12 Abs. 2 Nr. 6)[4]).

1. Eine ausdrückliche Vereinbarung ist nicht erforderlich, es kann auch in den begleitenden Umständen eine Vereinbarung gefunden werden.

2. Die Vorschrift ist dahin zu verstehen, daß dem Urheber die im § 11 aufgeführten ausschließlichen Befugnisse hinsichtlich der unter Nr. 1 bis 5 bezeichneten Bearbeitungen verbleiben. Sie stellt eine Ausnahme von dem Grundsatze dar, daß im Falle unbeschränkter Übertragung des Urheberrechts weder der Veräußerer noch der Erwerber ohne Einwilligung des anderen Teiles das Werk bearbeiten darf. Für das Verlagsverhältnis enthält § 2 VerlG. die entsprechende Vorschrift.

3. Vgl. § 12 A. 4 und 5.

4. Nr. 4 und 5 sind durch G. v. 22. Mai 1910 hinzugefügt.

In der Reichstagskommission wurde ausdrücklich festgestellt, daß der Nr. 4 keinerlei rückwirkende Kraft beizumessen sei bezüglich der vor dem Inkrafttreten des Gesetzes abgeschlossenen Verträge über Übertragung des Urheberrechts.

§ 15.

Eine Vervielfältigung ohne Einwilligung des Berechtigten[1]) ist unzulässig[2]), gleichviel durch welches Verfahren[3]) sie bewirkt wird; auch begründet es keinen Unterschied, ob das Werk in einem oder in mehreren Exemplaren vervielfältigt wird[4]).

Eine Vervielfältigung zum persönlichen Gebrauch[5]) ist zulässig, wenn sie nicht den Zweck hat, aus dem Werke eine Einnahme zu erzielen[6]).

1. Der Berechtigte im Sinne des § 15 ist auch der Verfasser, dessen Zustimmung der § 28 VerlG. für die Übertragung des Verlagsrechts durch den Verleger auf einen anderen fordert, und Vervielfältigung ohne diese Zustimmung des Verfassers ist Vervielfältigung ohne Einwilligung des Berechtigten, RGZ. 65, 40.

2. Eine unzulässige Vervielfältigung liegt nicht nur da vor, wo sie in der Absicht, eine Einnahme aus dem Werke zu erzielen erfolgt ist, denn der Urheber soll nach der Tendenz des Gesetzes keineswegs bloß gegen gewinnsüchtige Ausbeutung, sondern gegen jegliche widerrechtliche Benutzung seiner geistigen Schöpfung, gleichviel aus welchem Grunde in sein Recht eingegriffen wird, geschützt sein, RGSt. 37, 369. Auch der Zweck, an einem fremden Werke Kritik zu üben, ist im Gesetz nirgends als entscheidendes Merkmal für die Zulässigkeit der Verwendung

eines fremden Geisteswerkes anerkannt, JW. 06, 614. Ein besonderes Recht der Tagespresse, Mitteilungen, wie sie sonst nach dem Gesetz verboten sind, zu machen, falls nur damit der Aufgabe der Tagespresse gedient wird, Besprechungen im Interesse der Allgemeinheit oder der Leser oder gewisser Kreise der letzteren zu bringen, ist aus dem Gesetz nicht zu entnehmen, RGSt. 37, 294; vgl. § 19 A. 3.

Darauf, ob die unzulässige Vervielfältigung nach dem Originalwerk oder einem ebenfalls unzulässigen Nachdruck erfolgt, kommt nichts an; auch der Nachdruck vom Nachdruck ist unzulässig, RGSt. 14, 67.

Eine Vervielfältigung ist auch dann unzulässig, wenn daraus ein vermögensrechtlicher Schaden für den Urheber nicht abzusehen ist, z. B. Vervielfältigung eines Katalogs von dem der Verfasser wegen Aufgabe seines Geschäfts keinen Vorteil mehr haben kann, Recht 05, 286. Das Gesetz will nicht bloß das Vermögensinteresse, sondern auch das geistige Interesse des Schriftstellers schützen. Der Urheber ist befugt, gegen jede rechtswidrige Vervielfältigung einzuschreiten, ohne daß er eine Vermögensbeschädigung darzutun oder überhaupt die Beweggründe klarzulegen hätte, die ihn bestimmen, sein Urheberrecht geltend zu machen (vgl. RGZ. 12, 51). Vgl. § 38 A. 2.

Es ist also auch die einzelne Vervielfältigung auf nichtmechanischem Wege (durch Abschreiben) unzulässig, sofern nicht die Voraussetzungen des Abs. 2 vorliegen.

4. Über eine teilweise Vervielfältigung vgl. § 41.

5. Von Vervielfältigung zum persönlichen Gebrauch kann nur da die Rede sein, wo die Vervielfältigung zu dem Zweck gefertigt wird, sie ausschließlich für den privaten Gebrauch zu benutzen. Es ist aber nicht nötig, daß die Vervielfältigung für den eigenen Gebrauch des Vervielfältigenden bestimmt ist; dem Erfordernis ist auch dann genügt, wenn die Vervielfältigung nur zum Ge-

brauch eines bestimmten Personenkreises (z. B. der Mitglieder einer Familie, eines Gesangvereins, der keine entgeltliche Aufführung bezweckt) nicht zum Gebrauche weiterer Kreise dienen soll. Erfolgt die Vervielfältigung nicht zum persönlichen Gebrauch, so ist sie auch dann unzulässig, wenn die Absicht, eine Einnahme zu erzielen, nicht vorlag, RGSt. 41, 401.

6. Eine Vervielfältigung gegen Entgelt ist nicht zulässig, da mit einer solchen der Zweck verbunden ist „aus dem Werke eine Einnahme zu erzielen".

§ 16.

Zulässig ist der Abdruck[1]) von Gesetzbüchern, Gesetzen, Verordnungen, amtlichen Erlassen und Entscheidungen sowie von anderen zum amtlichen Gebrauche hergestellten amtlichen Schriften[2]).

1. Hinsichtlich der Befugnis zur Verbreitung und zum öffentlichen Vortrage vgl. § 26.

2. Die Vorschrift des Paragraphen betrifft nicht nur Schriftstücke staatlicher Organe, sondern auch solche, die von anderen, namentlich kirchlichen Behörden, ausgehen. Als amtliche Schriften sind auch die von Mitgliedern einer Behörde in dienstlichen Angelegenheiten abgegebenen wissenschaftlichen Gutachten anzusehen. Ob die Verordnungen, Erlasse, Entscheidungen und sonstigen amtlichen Schriften für die Öffentlichkeit bestimmt sind und bereits veröffentlicht sind oder nicht, ist unerheblich. Der Abdruck bleibt auch dann zulässig, wenn die amtlichen Schriften in ein größeres Ganzes aufgenommen sind, an dem als gesamtem Werk ein Urheberrecht besteht, RGZ. 12, 117.

§ 17.

Zulässig ist:

1. die Wiedergabe[1]) eines Vortrags oder einer Rede in Zeitungen oder Zeitschriften[2]), so-

fern der Vortrag oder die Rede Bestandteil einer öffentlichen Verhandlung ist[3]);

2. die Vervielfältigung[1]) von Vorträgen oder Reden, die bei den Verhandlungen der Gerichte, der politischen, kommunalen und kirchlichen Vertretungen gehalten werden[4]).

Die Vervielfältigung ist jedoch unzulässig, wenn sie in einer Sammlung erfolgt, die der Hauptsache nach Reden desselben Verfassers enthält[5]).

1. Hinsichtlich der Befugnis zur Verbreitung und zum öffentlichen Vortrage vgl. § 26.

Die Vorschriften der Nr. 1 und der Nr. 2 betreffen nur Mitteilungen, durch die der Vortrag oder die Rede als solche wiedergegeben werden. Bloße Berichte über den Inhalt sind auch dann zulässig, wenn die Voraussetzungen der Nr. 1 nicht vorliegen; ebenso fallen abgekürzte Bearbeitungen von Reden, wie sie in den Parlamentsausgaben der Zeitungen enthalten sind, sofern sie sich selbst wieder als Schriftwerke darstellen, nicht unter die Vorschrift der Nr. 2; solche Bearbeitungen genießen den regelmäßigen Schutz gegen Nachdruck.

2. Die Wiedergabe in Buchform ist, sofern der Vortrag oder die Rede nach § 1 Nr. 1 Schutz genießt, unzulässig.

3. Freigegeben für die Vervielfältigung ist immer nur der in öffentlicher Verhandlung gehaltene Vortrag dergestalt, daß nur die unmittelbare Wiedergabe dieses Vortrags von der Ausnahmebestimmung des Gesetzes getroffen wird. Eine Ausdehnung der Vorschrift auf die Vervielfältigung von Vorträgen, welche, wenn auch über den gleichen Stoff und mit dem gleichen Gedankeninhalt, aber bei anderer Gelegenheit als in öffentlichen Ver-

handlungen gehalten sind, findet im Gesetz keinen Anhalt, RGSt. 36, 8.

Reden von Monarchen (KomBer. I) sowie Reden von Beamten in Ausübung ihres Amtes (z. B. Plaidoyer des Staatsanwalts, Rechtsbelehrung des Schwurgerichtsvorsitzenden, Ministerreden) stehen überhaupt nicht unter dem Schutze des Urheberrechts, sind vielmehr für den Abdruck völlig frei. Vorträge akademischer Lehrer fallen aber unter § 1 Nr. 1, RGSt. 36, 8.

4. Abweichend vom früheren Rechte (§ 7d des G. v. 11. Juni 1870) sind „Reden, welche bei den Verhandlungen der politischen und ähnlichen Versammlungen gehalten werden", hier nicht erwähnt; die Zulässigkeit des Abdrucks solcher Reden richtet sich jetzt nach Nr. 1.

5. Die Vorschrift des Abs. 2 behält das Recht zur Veranstaltung von Sammlungen der in Nr. 1 und 2 erwähnten Vorträge und Reden dem Urheber vor; immer ist aber vorausgesetzt, daß der Vortrag oder die Rede überhaupt gemäß § 1 Nr. 1 auf Urheberrechtsschutz Anspruch hat.

§ 18.

Zulässig ist der Abdruck[1]) einzelner Artikel[2]) aus Zeitungen[3]) in anderen Zeitungen[4]), soweit die Artikel nicht mit einem Vorbehalte der Rechte versehen sind[5]); jedoch ist nur ein Abdruck gestattet, durch den der Sinn nicht entstellt wird[6]). Bei dem Abdruck ist die Quelle deutlich anzugeben[7]).

Der Abdruck von Ausarbeitungen wissenschaftlichen[8]), technischen[9]) oder unterhaltenden[10]) Inhalts ist, auch wenn ein Vorbehalt der Rechte fehlt, unzulässig.

Vermischte Nachrichten tatsächlichen Inhalts[1]) und Tagesneuigkeiten[1]) dürfen aus Zeitungen oder Zeitschriften[3]) stets abgedruckt werden[1]).

1. Hinsichtlich der Befugnis zur Verbreitung und zum öffentlichen Vortrage vgl. § 26.

2. Die Vorschriften des Paragraphen beziehen sich nur auf solche Artikel, welche an sich geeignet sind, als Schriftwerke ein Urheberrecht zu begründen. Rein tatsächliche Mitteilungen, z. B. Telegramme, bei denen auch eine Selbständigkeit der Form und Einkleidung nicht in Frage steht, sind überhaupt nicht Gegenstand eines Urheberrechts, vgl. RGRspr. 3, 651; JW. 08, 390. Hinsichtlich ihrer besteht auch keine Verpflichtung zur Quellenangabe.

Zwischen dem Inhalte des redaktionellen und des Inseratenteils und zwischen Mitteilungen der Redaktion als solcher und solchen von Privaten unterscheidet das Gesetz nicht; es fallen deshalb auch im Inseratenteil veröffentlichte Schriftwerke (vgl. § 1 A. 3) unter die Vorschrift des Paragraphen, RGSt. 12, 359.

3. Die Unterscheidung zwischen Zeitung und Zeitschrift ist nur von Fall zu Fall möglich unter Berücksichtigung der Auffassung der Verkehrskreise. Als Zeitungen sind die in kürzeren Zwischenräumen — meistens täglich — erscheinenden Druckwerke aufzufassen, deren wesentlicher Inhalt in der Mitteilung und Besprechung von Tagesneuigkeiten besteht. Als ein charakteristisches Merkmal einer Zeitung dürfte gelten, daß ihre Berichterstattung den Ereignissen schnell folgt, aber auch zumeist schnell veraltet. Der mehr wissenschaftliche Charakter und das Erscheinen in längeren — regelmäßigen oder unregelmäßigen — Zwischenräume sind Anhaltspunkte für das Vorliegen einer Zeitschrift; jedoch darf die Dauer der Zwischenräume keine allzugroße sein, nur alljährlich erscheinende Kalender sind keine Zeitschriften, RGSt. 14, 73.

9. Ob eine Ausarbeitung technischen Inhalts vorliegt, ist nach ähnlichen Gesichtspunkten zu entscheiden wie die Frage, ob ein Artikel als eine Ausarbeitung wissenschaftlichen Inhalts aufzufassen ist. Der Gegenstand braucht zwar nicht im eigentlichen Sinne wissenschaftlicher Natur zu sein, sondern kann auch auf empirisch-technischem Gebiete liegen; zum Begriff der Ausarbeitung gehört aber immer eine sich über die bloße Beschreibung einzelner Gegenstände oder Erscheinungen erhebende Art der Behandlung unter allgemeinen Gesichtspunkten.

10. Die Ausarbeitung unterhaltenden Inhalts ist an die Stelle der im früheren Recht erwähnten „novellistischen Erzeugnisse" getreten. Außer diesen gehören hierher Reiseberichte, Schilderungen von Erlebnissen, Plaudereien im Feuilleton. Auch Berichte über Tagesereignisse können darunter fallen, wenn sie sich nicht auf die Wiedergabe der Tatsachen beschränken, sondern in Anknüpfung an die Tatsachen eine selbständige, eigenartige Darstellung geben.

11. Unter vermischten Nachrichten tatsächlichen Inhalts und Tagesneuigkeiten sind nur solche Mitteilungen zu verstehen, welche sich auf den nackten Bericht von Tatsachen beschränken. Es fallen nicht darunter Anekdoten, Aphorismen und ähnliche kleine Artikel, die zwar nach dem Sprachgebrauch unter vermischten Nachrichten mitverstanden werden, aber nicht rein tatsächlicher Natur sind, Recht 06, 514.

Werden an den Tatsachenbericht Erläuterungen oder Ausführungen geknüpft, so greift, wenn kein Fall des Abs. 2 vorliegt, Abs. 1 Platz. Es fallen also Rezensionen über Aufführungen und Vorträge, die eine wenn auch noch so kurze Kritik der gebotenen Leistung enthalten, niemals unter Abs. 3. Die rein objektive kurze Skizzierung des Inhalts von Erstaufführungen und Vorträgen kann dagegen als „Tagesneuigkeit" aufzufassen sein. Vgl. BÜ. Art. 9 Abs. 3.

8. Eine Ausarbeitung wissenschaftlichen Inhalts liegt dann vor, wenn der Gegenstand sich zur wissenschaftlichen Bearbeitung eignet und der Inhalt nach der Art und Weise der gegebenen Erörterungen die Bestimmung bekundet, einem wissenschaftlichen Zweck, in erster Linie dem Zweck der Belehrung, zu dienen, RGSt. 22, 56; 36, 195; GoltdArch. 53, 281; Bolze 15, 59 Nr. 97. Regelmäßig wird zur wissenschaftlichen Behandlung eine gewisse systematische Ordnung der Arbeit gehören; indessen ist die systematische Behandlung weder das einzige, noch das unbedingt erforderliche Merkmal eines wissenschaftlichen Inhalts. Nicht entscheidend ist, welchen wissenschaftlichen Wert die Ausarbeitung hat, ob sie gut oder schlecht, gründlich oder oberflächlich ist, ob die Wissenschaft tatsächlich von ihr Nutzen zieht oder nicht, RGSt. 36, 195. Die Wiedergabe des Inhalts einer Gerichtsentscheidung in einer Bearbeitung, welche den Zweck hat, zum Verständnis des Gesetzes beizutragen, kann wissenschaftlich sein; ob sie es ist, ist Frage des Einzelfalls, JW. 08, 390. Die Frage ist insbesondere dann zu bejahen, wenn die gewählte Form der auszugsweisen Wiedergabe der Urteilsgründe durch eine bewußte Sichtung des gesamten Begründungsmaterials, durch spezielle Hervorhebung einzelner, Unterdrückung oder nur summarische Wiedergabe anderer Gründe, durch eine mehr oder minder freie Gruppierung der einzelnen Urteilsgründe im allgemeinen für geeignet angesehen werden darf, den richtigen Sinn des Urteils, die rechtliche Bedeutung und Tragweite der Begründung mit besonderer Deutlichkeit hervorzuheben und auf diese Weise dem Verständnis leichter faßlich zu machen. Die Tatsache, daß ein Artikel eigene Gedanken und Untersuchungen des Verfassers nicht enthält, ist nicht entscheidend; die wissenschaftliche Ausarbeitung kann unter Umständen auch in der Art der Darstellung, in der Formgebung gefunden werden, GoltdArch. 53, 281; Recht 09 Rsprbeil. Nr. 1265 (vgl. auch DJZ. 09, 337 ff.).

9. Ob eine Ausarbeitung technischen Inhalts vorliegt, ist nach ähnlichen Gesichtspunkten zu entscheiden wie die Frage, ob ein Artikel als eine Ausarbeitung wissenschaftlichen Inhalts aufzufassen ist. Der Gegenstand braucht zwar nicht im eigentlichen Sinne wissenschaftlicher Natur zu sein, sondern kann auch auf empirisch-technischem Gebiete liegen; zum Begriff der Ausarbeitung gehört aber immer eine sich über die bloße Beschreibung einzelner Gegenstände oder Erscheinungen erhebende Art der Behandlung unter allgemeinen Gesichtspunkten.

10. Die Ausarbeitung unterhaltenden Inhalts ist an die Stelle der im früheren Recht erwähnten „novellistischen Erzeugnisse" getreten. Außer diesen gehören hierher Reiseberichte, Schilderungen von Erlebnissen, Plaudereien im Feuilleton. Auch Berichte über Tagesereignisse können darunter fallen, wenn sie sich nicht auf die Wiedergabe der Tatsachen beschränken, sondern in Anknüpfung an die Tatsachen eine selbständige eigenartige Darstellung geben.

11. Unter vermischten Nachrichten tatsächlichen Inhalts und Tagesneuigkeiten sind nur solche Mitteilungen zu verstehen, welche sich auf den nackten Bericht von Tatsachen beschränken. Es fallen nicht darunter Anekdoten, Aphorismen und ähnliche kleine Artikel, die zwar nach dem Sprachgebrauch unter vermischten Nachrichten mitverstanden werden, aber nicht rein tatsächlicher Natur sind, Recht 06, 514.

Werden an den Tatsachenbericht Erläuterungen oder Ausführungen geknüpft, so greift, wenn kein Fall des Abs. 2 vorliegt, Abs. 1 Platz. Es fallen also Rezensionen über Aufführungen und Vorträge, die eine wenn auch noch so kurze Kritik der gebotenen Leistung enthalten, niemals unter Abs. 3. Die rein objektive kurze Skizzierung des Inhalts von Erstaufführungen und Vorträgen kann dagegen als „Tagesneuigkeit" aufzufassen sein. Vgl. BÜ. Art. 9 Abs. 3.

12. Abgesehen von den im Abs. 3 bezeichneten Artikeln ist der gesamte Inhalt von Zeitschriften (vgl. A. 3) schlechthin geschützt.

§ 19.

Zulässig ist die Vervielfältigung[1]):

1. wenn einzelne Stellen oder kleinere Teile eines Schriftwerkes, eines Vortrags oder einer Rede nach der Veröffentlichung[2]) in einer selbständigen literarischen Arbeit angeführt werden[3]):
2. wenn einzelne Aufsätze von geringem Umfang[4]) oder einzelne Gedichte nach dem Erscheinen[2]) in eine selbständige wissenschaftliche Arbeit aufgenommen werden[4]);
3. wenn einzelne Gedichte nach dem Erscheinen[2]) in eine Sammlung aufgenommen werden, die Werke einer größeren Zahl von Schriftstellern vereinigt und ihrer Beschaffenheit nach zur Benutzung bei Gesangsvorträgen bestimmt ist[5]);
4. wenn einzelne Aufsätze von geringem Umfang, einzelne Gedichte oder kleinere Teile eines Schriftwerkes nach dem Erscheinen[2]) in eine Sammlung aufgenommen werden, die Werke einer größeren Zahl von Schriftstellern vereinigt und ihrer Beschaffenheit nach für den Kirchen-, Schul- oder Unterrichtsgebrauch oder zu einem eigentümlichen literarischen Zwecke[6]) bestimmt ist[7]). Bei

einer Sammlung zu einem eigentümlichen literarischen Zwecke bedarf es, solange der Urheber lebt, seiner persönlichen Einwilligung.

Die Einwilligung gilt als erteilt, wenn der Urheber nicht innerhalb eines Monats, nachdem ihm von der Absicht des Verfassers Mitteilung gemacht ist, Widerspruch erhebt[8]).

1. Vgl. hinsichtlich der Zulässigkeit von Abänderungen § 24, hinsichtlich der Verpflichtung zur Quellenangabe § 25, hinsichtlich der Befugnis zur Verbreitung und zum öffentlichen Vortrage § 26.

2. Vgl. § 7 A. 1, § 35.

3. Eine selbständige Arbeit literarischer, d. h. schriftstellerischer Art hat zur Voraussetzung, daß der Verfasser ein eigenes Werk, welches auf eigener Geistestätigkeit beruht, schaffen will und schafft, daß er dabei die Teile des fremden Werkes nur wiedergibt, weil und insoweit sie der eigenen Besprechung dienen sollen, daß der Zweck und der Gegenstand der Arbeit nicht der ist, jenes fremde Werk selbst zur Kenntnis anderer zu bringen, zu vervielfältigen oder zu veröffentlichen, sondern der, eigene Gedanken auszusprechen, mögen sich dieselben auch gerade auf das fremde Werk beziehen, insbesondere sich mit einer Besprechung oder einer Kritik des letzteren befassen, RGSt. 37, 294. Ein wissenschaftlicher Zweck der Arbeit ist nicht Voraussetzung für das Recht des Zitierens. Der Abdruck einer Arbeit ist der Tagespresse noch nicht deshalb gestattet, weil er in die äußere Form einer Besprechung gebracht ist, RGSt. 37, 294.

Auch Zitate aus nicht erschienenen, sondern lediglich vorgetragenen Schriftwerken (z. B. Kollegheften) sind, abweichend vom bisherigen Rechte, erlaubt, dagegen nicht Zitate aus unveröffentlichten Manuskripten, RGSt. 39, 154.

4. Für die Frage, ob es sich um Aufsätze von geringem Umfange handelt, kommt in Betracht die Bedeutung, welche der abgedruckte Aufsatz dem Werke gegenüber, in das er aufgenommen worden ist, sowohl nach dem räumlichen Umfange als nach dem Inhalte hat. Es muß eine innerliche Verbindung beider Schriftwerke vorliegen dergestalt, daß die fremde Schrift zu einem innerlich damit zusammenhängenden Bestandteile des ein einheitliches Ganzes bildenden Werkes geworden ist. Entscheidend wird namentlich sein, ob dem Zweck des wissenschaftlichen Werkes gemäß der Abdruck für dasselbe Bedürfnis war, oder ob der Abdruck ohne ein solches nur in der Absicht erfolgt sein kann, von der geistigen Arbeit eines anderen Gewinn zu ziehen, und ähnliches, vgl. RGRspr. 8, 223; JW. 09, 529.

Bezüglich des Werkes, in das die Aufnahme erfolgt, wird erfordert, daß sein Inhalt, die Art und Weise der gegebenen Erläuterung und Darstellung seine Bestimmung bekunden, einem wissenschaftlichen Zwecke zu dienen. Darauf, ob das Werk gut oder schlecht, gründlich oder oberflächlich gearbeitet ist, kommt es nicht an, vgl. § 18 A. 8.

Abweichend von Nr. 1 u. 4 sind „kleinere Teile eines Schriftwerkes“ in Nr. 2 nicht erwähnt.

5. Die Bestimmung der Nr. 3 beruht auf einem Beschlusse des Reichstags in dritter Lesung, vgl. Stenogr. Ber. S. 2458ff. Es ist dabei namentlich an Zusammenstellungen für einzelne festliche Veranstaltungen oder für gesellige, nur zeitweise sich wiederholende Zwecke gedacht. Häufig wird gleichzeitig die Voraussetzung der Nr. 4, daß die Sammlung „zu einem eigentümlichen literarischen Zweck“ bestimmt ist, vorliegen; in diesem Falle gewährt jedoch Nr. 3 dem Verfasser der Sammlung eine weitergehende Befugnis wie Nr. 4, da die persönliche Einwilligung des Urhebers nicht vorgeschrieben ist. Nicht erforderlich ist, daß die Sammlung ausschließlich zur Benutzung bei Gesangsvorträgen bestimmt ist.

6. Auch die Zulässigkeit von Sammlungen „zu einem eigentümlichen literarischen Zweck" ist erst vom Reichstag in dritter Beratung beschlossen worden. Der Begriff „eigentümlicher literarischer Zweck" ist aus dem früheren Rechte entnommen (vgl. § 7a des Gesetzes vom 11. Juni 1870) und erfordert zunächst die Zugehörigkeit der Arbeit zu einer besonderen und eigentümlichen Gattung von Produkten im Gebiete der Literatur. Ein eigentümlicher Zweck liegt dann nicht vor, wenn die Quelle, aus der geschöpft ist, und das neue Werk nach Inhalt und Begrenzung als wesentlich gleichartige literarische Unternehmungen anzusehen sind, RGSt. 1, 185. Die Bestimmung zu einem literarischen Zweck setzt ferner stets voraus, daß es sich nicht um eine bloße Sammlertätigkeit handelt, sondern daß in der Auswahl und Ordnung des Entlehnten eine individuelle geistige Tätigkeit sich äußert, RGSt. 3, 75; 16, 352.

7. Nicht erforderlich ist es, daß die Sammlung ausschließlich für den Kirchen-, Schul- oder Unterrichtsgebrauch bestimmt ist; die gleichzeitige Bestimmung auch für den häuslichen Gebrauch schließt eine Sammlung von der Vergünstigung der Nr. 4 nicht aus.

8. Die Vorschrift stimmt mit dem Schlusse des § 24 überein, vgl. A. 3 zu § 24.

§ 20.

Zulässig ist die Vervielfältigung[1]), wenn kleinere Teile einer Dichtung oder Gedichte von geringem Umfange[2]) nach ihrem Erscheinen[3]) als Text zu einem neuen Werke der Tonkunst in Verbindung mit diesem wiedergegeben werden. Für eine Aufführung des Werkes darf die Dichtung auch allein wiedergegeben werden, sofern der Abdruck ausschließlich zum Gebrauche der Hörer bestimmt ist[4]).

Unzulässig ist die Vervielfältigung von Dichtungen, die ihrer Gattung nach zur Komposition bestimmt sind[5]).

Die Vorschriften des Abs. 1 finden keine Anwendung, soweit der Text in Verbindung mit der mechanischen Wiedergabe eines Werkes der Tonkunst (§ 12 Abs. 2 Nr. 5) vervielfältigt werden soll[6]).

1. Vgl. hinsichtlich der Zulässigkeit von Abänderungen § 24, hinsichtlich der Verpflichtung zur Quellenangabe § 25, hinsichtlich der Befugnis zur Verbreitung, öffentlichen Aufführung und zum öffentlichen Vortrage § 26.

2. Die Benutzung größerer Schriftwerke, z. B. ganzer Schauspiele, als Text zu einer Komposition ist unzulässig.

3. Vgl. § 7 A. 1, § 35.

4. Danach ist z. B. der Abdruck des Textes einer Komposition auf Konzertprogrammen zulässig.

5. Dazu gehören z. B. Opernlibrettos, aber auch Couplets, Texte zu Melodramen und ähnlichen Dichtungen, die zwar schon als literarische Werke Bedeutung haben können, ihre volle Wirkung aber erst durch die Komposition erlangen. Dagegen genügt die bloße Bezeichnung als „Lied" nicht, um die Zulässigkeit des Abdrucks auszuschließen.

6. Der durch Gesetz vom 22. Mai 1910 angefügte Abs. 3 soll die Annahme ausschließen, daß die aus Rücksicht auf den für die schöpferische Tätigkeit des Komponisten nötigen Spielraum durch Abs. 1 bestimmte Einschränkung des Urheberrechts des Dichters auch Platz greift bei Verwertung des Werkes zur Wiedergabe durch mechanische Instrumente.

§ 21.

Zulässig ist die Vervielfältigung[1]):

1. wenn einzelne Stellen eines bereits er-

schienenen[2]) Werkes der Tonkunst in einer selbständigen literarischen Arbeit[3]) angeführt werden;

2. wenn kleinere Kompositionen nach dem Erscheinen[2]) in eine selbständige wissenschaftliche Arbeit[4]) aufgenommen werden;
3. wenn kleinere Kompositionen nach dem Erscheinen[2]) in eine Sammlung aufgenommen werden, die Werke einer größeren Zahl von Komponisten vereinigt und ihrer Beschaffenheit nach[5]) für den Unterricht in Schulen mit Ausschluß der Musikschulen bestimmt ist[6]).

1. Vgl. hinsichtlich der Zulässigkeit von Abänderungen § 24, hinsichtlich der Verpflichtung zur Quellenangabe § 25, hinsichtlich der Befugnis zur Verbreitung, öffentlichen Aufführung und zum öffentlichen Vortrage § 26.
2. Vgl. § 7 A. 1, § 35.
3. Vgl. § 19 A. 3
4. Vgl. § 19 A. 4.
5. Um dies festzustellen, wird im einzelnen Falle namentlich zu prüfen sein, ob überall auf den Stimmumfang von Schülern erkennbare Rücksicht genommen ist, ob der Stoff in der Weise angeordnet ist, daß planmäßig vom Leichteren zum Schwereren fortgeschritten wird und ob die Texte geeignet ausgewählt und nach pädagogischen Grundsätzen zusammengestellt sind, Begr. I.
6. Vgl. § 19 A. 7.

§ 22.

Gestattet der Urheber eines Werkes der Tonkunst einem anderen, das Werk zum Zwecke der mechanischen Wiedergabe (§ 12 Abs. 2 Nr. 5) gewerbsmäßig zu vervielfältigen, so kann, nachdem das Werk erschienen ist, jeder Dritte, der im Inland eine gewerbliche Hauptniederlassung oder den Wohnsitz hat, verlangen, daß ihm der Urheber gegen eine angemessene Vergütung gleichfalls eine solche Erlaubnis erteile; für die Entstehung des Anspruchs begründet es keinen Unterschied, ob der Urheber dem anderen die Vervielfältigung mit oder ohne Uebertragung der ausschließlichen Befugnis gestattet[1]). Die Erlaubnis wirkt nur in bezug auf die Verbreitung im Inland und die Ausfuhr nach solchen Staaten, in denen der Urheber keinen Schutz gegen die mechanische Wiedergabe des Werkes genießt[2]). Der Reichskanzler kann durch Bekanntmachung im Reichs-Gesetzblatt für das Verhältnis zu einem Staate, in dem er die Gegenseitigkeit für verbürgt erachtet, bestimmen, inwieweit ein Dritter, auch wenn er im Inland weder eine gewerbliche Niederlassung noch den Wohnsitz hat, die Erlaubnis verlangen darf und daß die Erlaubnis auch für die Ausfuhr nach jenem Staate wirkt.

Gehört als Text zu dem Werke der Tonkunst ein geschütztes Schriftwerk, dessen Urheber einem anderen gestattet hat, es zum Zwecke der mechanischen Wiedergabe gewerbsmäßig zu vervielfältigen, so finden die Vorschriften des Abs. 1 auch auf den Text Anwendung. An Stelle des

Urhebers des Textes ist jedoch der Urheber des Werkes der Tonkunst berechtigt und verpflichtet, die Erlaubnis zu erteilen; er hat, wenn er die Erlaubnis erteilt, dem Urheber des Textes einen angemessenen Teil der Vergütung auszuzahlen[3]).

1. Die Vorschriften über die Verpflichtung des Urhebers eines Werkes der Tonkunst, unter gewissen Voraussetzungen die Benutzung seines Werkes zur mechanischen Wiedergabe zu gestatten (Zwangslizenz), die durch das Gesetz vom 22. Mai 1910 neu eingeführt sind, sollen im Interesse der heimischen Industrie der Gefahr vorbeugen, daß die ausschließliche Befugnis der Urheber hinsichtlich der Benutzung ihrer Werke zur mechanischen Wiedergabe zur Bildung von Monopolen in der Hand großer Unternehmungen führt. Voraussetzung für die Zwangslizenz ist:

a) daß der Urheber einem anderen gestattet hat, das Werk zum Zweck der mechanischen Wiedergabe gewerbsmäßig zu vervielfältigen. Die Gestattung kann sowohl im Wege der Einzelerlaubnis wie durch Übertragung der ausschließlichen Urheberrechtsbefugnis selbst geschehen. Eigene Benutzung des Werkes zur mechanischen Wiedergabe steht der Überlassung an anderen nicht gleich;

b) daß das Werk erschienen ist; letzteres ist sowohl dann der Fall, wenn gewöhnliche Noten im Verlagshandel herausgegeben sind als auch wenn ein Vertrieb des Instruments oder der Vorrichtung, auf die die Übertragung erfolgt ist, stattgefunden hat.

Über die Höhe der Vergütung ist im Streitfalle von den Gerichten nach freiem Ermessen zu entscheiden, vgl. auch § 49 Abs. 2.

2. Die Beschränkung in der räumlichen Geltung der Zwangslizenz war mit Rücksicht auf Art. 13 Abs. 2 der BÜ. erforderlich.

3. Die Vorschrift des Abs. 2 beruht auf ähnlichen

Gesichtspunkten wie § 28 Abs. 2. Sie geht insofern weiter, als aus der Verpflichtung des Tonsetzers, die Erlaubnis zu erteilen, folgt, daß eine abweichende Willensmeinung des Textdichters nicht nur dem Dritten, sondern auch dem Tonsetzer gegenüber ohne Bedeutung ist, vgl. § 28 A. 2.

§ 22a.

Vorrichtungen, die auf Grund einer gemäß § 22 erteilten Erlaubnis hergestellt sind, dürfen mit der im § 22 Abs. 1 Satz 2 festgesetzten Beschränkung ohne eine weitere Erlaubnis zu öffentlichen Aufführungen benutzt werden. Hat der Urheber vor oder nach dem Inkrafttreten dieser Vorschrift die ausschließliche Befugnis zur Aufführung einem anderen übertragen, so hat er dem anderen einen angemessenen Teil der Vergütung auszuzahlen.

Die Vorschriften des Abs. 1 finden auch dann Anwendung, wenn der Urheber freiwillig einem anderen die Erlaubnis erteilt, das Werk zum Zwecke der mechanischen Wiedergabe zu vervielfältigen[1]).

1. Sowohl im Falle einer freiwilligen Lizenzerteilung wie im Falle der Zwangslizenz schließt also die Erlaubnis, ein Tonwerk zum Zweck der mechanischen Wiedergabe zu vervielfältigen, die Erlaubnis in sich, die Vorrichtungen zu öffentlichen Aufführungen zu benutzen. In beiden Fällen ist aber demjenigen, welchem vorher die ausschließliche Befugnis zur Aufführung eingeräumt ist, ein entsprechender Teil der für die Lizenzerteilung gewährten Vergütung zu erstatten.

§ 22b.

Hat der Urheber die ausschließliche Befugnis zur mechanischen Wiedergabe einem anderen in beschränktem Umfang übertragen, so ist die im § 22 bestimmte Erlaubnis gleichwohl nur von ihm zu erteilen[1]. Im Falle einer unbeschränkten Uebertragung ist die Erlaubnis von dem Rechtsnachfolger zu erteilen.

1. Diese Vorschrift soll für den Fall einer beschränkten Übertragung des Urheberrechts die Rechtslage des Lizenznehmers erleichtern.

§ 22c.

Für Klagen, durch die ein Anspruch auf Erteilung der Erlaubnis geltend gemacht wird, sind, sofern der Urheber im Inland keinen allgemeinen Gerichtsstand hat, die Gerichte der Stadt Leipzig zuständig.

Einstweilige Verfügungen können erlassen werden, auch wenn die in den §§ 935, 940 der Zivilprozeßordnung bezeichneten Voraussetzungen nicht zutreffen[1].

1. Diese Bestimmung soll dem Bedürfnisse der Industrie entgegenkommen, auch im Falle von Streitigkeiten über den Lizenzanspruch möglichst rasch die Fabrikation aufnehmen zu können.

§ 23.

Zulässig ist die Vervielfältigung[1], wenn einem Schriftwerk ausschließlich zur Erläuterung des Inhalts[2] einzelne[3] Abbildungen aus einem erschienenen[4] Werke[5] beigefügt werden.

1. Abänderungen der benutzten Abbildungen sind nach § 24 unzulässig; Quellenangabe ist durch § 25 vorgeschrieben, über die Befugnis zur Verbreitung vgl. § 26.

2. Abweichend vom früheren Rechte ist nicht erforderlich, daß das Schriftwerk die „Hauptsache" sei; dies braucht z. B. dann nicht der Fall zu sein, wenn das Werk, dem fremde Abbildungen beigefügt werden, schon im wesentlichen aus Abbildungen besteht, über die dem Herausgeber die ausschließliche Befugnis zukommt.

3. Wann im Sinne des Gesetzes eine Beifügung „einzelner" Abbildungen vorliegt, wird von Fall zu Fall zu entscheiden sein unter Berücksichtigung des Verhältnisses der entnommenen Abbildungen zu der Zahl der Abbildungen, die das benutzte Werk überhaupt enthält.

4. Vgl. § 7 A. 1, § 35.

5. Unzulässig ist die Beifügung selbständig erschienener Abbildungen, z. B. einer selbständig erschienenen Landkarte, es sei denn, daß es sich um einen bloßen Abschnitt einer solchen handelt.

§ 24.

Auf Grund der §§ 19 bis 23 ist die Vervielfältigung eines fremden Werkes nur zulässig, wenn an den wiedergegebenen Teilen keine Aenderung vorgenommen wird[1]. Jedoch sind, soweit der Zweck der Wiedergabe es erfordert, Uebersetzungen eines Schriftwerkes und solche Bearbeitungen eines Werkes der Tonkunst gestattet, die nur Auszüge oder Uebertragungen in eine andere Tonart oder Stimmlage oder Einrichtungen für die im § 12 bezeichneten Instrumente darstellen. Werden einzelne Aufsätze, einzelne Gedichte oder kleinere Teile eines Schriftwerkes in eine Sammlung zum

Schulgebrauch aufgenommen, so sind die für diesen Gebrauch erforderlichen[2]) Aenderungen gestattet, jedoch bedarf es, solange der Urheber lebt, seiner persönlichen Einwilligung[3]). Die Einwilligung gilt als erteilt, wenn der Urheber nicht innerhalb eines Monats, nachdem ihm von der beabsichtigten Aenderung Mitteilung gemacht ist, Widerspruch erhebt.

1. Durch eine nach § 24 unzulässige Änderung wird der ganze Abdruck unstatthaft und unterliegt den Bestimmungen über Nachdruck, vgl. § 38 Abs. 2.

2. Nur solche Änderungen sind zulässig, die tatsächlich für den Schulgebrauch notwendig sind; das Ermessen des Herausgebers der Sammluug ist nicht maßgebend, vielmehr hat im Streitfalle der Richter zu entscheiden.

3. Nur die Einwilligung des Urhebers selbst, nicht die seiner Rechtsnachfolger noch die seines Verlegers, ist erforderlich. Für Änderungen an Werken, deren Urheber verstorben ist, bedarf es keiner Einwillung.

§ 25.

Wer ein fremdes Werk nach Maßgabe der §§ 19 bis 23 benutzt, hat die Quelle deutlich anzugeben[1]).

1. Was die Quellenangabe enthalten muß, hängt von den Umständen des Falles ab. Regelmäßig wird der Name des Verfassers und der Titel des Werkes anzugeben sein. Bei Benutzung von Dichtungen als Text zu einem Werke der Tonkunst (§ 20) soll die Anführung des Dichternamens genügen (KomBer. I). Auch auf den Vorrichtungen für Instrumente zur mechanischen Wiedergabe von Musikstücken muß die Quelle angegeben werden.

Zuwiderhandlungen werden nach § 44 bestraft. Über Schadensersatzpflicht vgl. § 44 A. 3.

§ 26.

Soweit ein Werk nach den §§ 16 bis 21, 23, 24 ohne Einwilligung des Berechtigten vervielfältigt werden darf, ist auch die Verbreitung, die öffentliche Aufführung sowie der öffentliche Vortrag zulässig[1]).

1. Wie sich aus der Anführung des § 24 ergibt, gilt das Verbot von Abänderungen des benutzten Werkes in gleicher Weise wie für die Vervielfältigung auch für die öffentliche Aufführung und den öffentlichen Vortrag.

§ 27.

Für öffentliche Aufführungen eines erschienenen[1]) Werkes der Tonkunst bedarf es der Einwilligung des Berechtigten nicht, wenn sie keinem gewerblichen Zwecke dienen und die Hörer ohne Entgelt zugelassen werden[2]). Im übrigen sind solche Aufführungen ohne Einwilligung des Berechtigten zulässig:

1. wenn sie bei Volksfesten, mit Ausnahme der Musikfeste, stattfinden;
2. wenn der Ertrag ausschließlich für wohltätige Zwecke bestimmt ist und die Mitwirkenden[3]) keine Vergütung für ihre Tätigkeit[4]) erhalten;
3. wenn sie von Vereinen veranstaltet werden und nur die Mitglieder[5]) sowie die zu ihrem

Hausstande gehörigen Personen als Hörer zugelassen werden.

Auf die bühnenmäßige Aufführung[6]) einer Oper oder eines sonstigen Werkes der Tonkunst, zu welchem ein Text gehört, finden diese Vorschriften keine Anwendung.

1. Vgl. § 7 A. 1, § 35.

2. § 27 will nur solche Aufführungen freigeben, bei denen jede Absicht, aus ihnen unmittelbar oder mittelbar einen Erwerb zu erzielen, sie mittelbar oder unmittelbar in den Dienst eines gewerblichen Unternehmens zu stellen, von vornherein ausgeschlossen ist. Es fallen deshalb darunter die üblichen Veranstaltungen im Bereiche der Kirche, Schule, des Heeres und der Flotte. Dagegen trifft diese Voraussetzung nicht zu bei Konzerten in Gastwirtschaften, auch wenn die Hörer ohne Entgelt zugelassen werden; ferner nicht, wenn eine Stadtgemeinde, die an dem Badbetrieb des Ortes finanziell beteiligt ist und eine Kurtaxe erhebt, Kurkonzerte veranstaltet, Recht 09 Rspbeil. Nr. 3508.

3. Unter „Mitwirkenden“ sind nur die bei der Aufführung selbst Mitwirkenden sowie der Veranstalter der Aufführung zu verstehen. Ob für Hilfspersonal, wie Billeteure, Garderobendiener usw., eine Vergütung gezahlt wird, ist unerheblich.

4. Nur wenn die Vergütung für die bei der Aufführung zu entfaltende Tätigkeit gezahlt wird, entfällt die Zulässigkeit der Aufführung ohne Einwilligung des Berechtigten. Eine Vergütung für Auslagen, Reisekosten usw. kommt nicht in Betracht.

5. Eine unstatthafte Umgehung des Gesetzes ist es, wenn zu der einzelnen Aufführung fremde Personen gegen ein Eintrittsgeld zugelassen werden, welches in Form eines Mitgliedsbeitrags erhoben wird.

6. Eine bühnenmäßige Aufführung (Gegensatz: konzertmäßige Aufführung) ist nicht nur bei dramatisch-musikalischen Werken, sondern bei allen Werken der Tonkunst, zu denen ein Text gehört, möglich, z. B. durch den Vortrag eines Liedes innerhalb einer bühnenmäßigen Opernvorstellung als Einlage. Pantomimen mit musikalischer Begleitung sind nicht als bühnenmäßige Aufführungen anzusehen, KomBer. I.

§ 28.

Zur Veranstaltung einer öffentlichen Aufführung ist, wenn mehrere Berechtigte vorhanden sind, die Einwilligung eines jeden erforderlich.

Bei einer Oper oder einem sonstigen Werke der Tonkunst, zu welchem ein Text gehört[1]), bedarf der Veranstalter der Aufführung nur der Einwilligung desjenigen, welchem das Urheberrecht an dem musikalischen Teile zusteht[2]).

1. Auf Werke, bei denen der musikalische Teil hinter dem Texte zurücktritt, z. B. Balletts, Possen und dgl., bezieht sich die Vorschrift des Abs. 2 nicht.

2. Die Bestimmung hebt das Urheberrecht des Textdichters nicht auf, sie beschränkt es auch nicht materiell, namentlich auch nicht, soweit es sich um die öffentliche Aufführung handelt, vgl. § 11 A. 7; sondern sie regelt lediglich das Verhältnis der beiden gleichberechtigt nebeneinander stehenden Urheber gegenüber Dritten, und zwar geschieht dies lediglich im Interesse der Erleichterung des Verkehrs Dritter mit dem Urheber. Man kann das Verhältnis als das einer gesetzlichen Vertretung des Textdichters durch den Tonsetzer auffassen. Diese gesetzliche Vertretung ist zwar dem Widerruf des Textdichters entzogen; in allen anderen Beziehungen bleibt aber das Urheberrecht des Textdichters unbeschränkt, insbesondere bestimmt sich

seine Dauer lediglich nach den in seiner Person liegenden Verhältnissen, § 29. Erlischt das Urheberrecht des einen oder anderen der Miturheber, so ist für die fernere Anwendung des § 28 Abs. 2 kein Raum. Nach Erlöschen des Rechts des Tonsetzers bedarf der Veranstalter einer Aufführung hiernach der Einwilligung des Textdichters, RGZ., 67, 84; JW. 08, 390; 09, 507. Ist im Verhältnisse der Miturheber untereinander der Tonsetzer nach dem zwischen ihm und dem Textdichter bestehenden Rechtsverhältnisse verpflichtet, sich seinerseits der Zustimmung des Verfassers zu versichern, so macht er sich durch Nichterfüllung dieser Pflicht schadensersatzpflichtig.

Dritter Abschnitt.

Dauer des Schutzes.

§ 29.

Der Schutz des Urheberrechts endigt, wenn seit dem Tode des Urhebers dreißig Jahre und außerdem seit der ersten Veröffentlichung[1]) des Werkes zehn Jahre abgelaufen sind[2]). Ist die Veröffentlichung[1]) bis zum Ablaufe von dreißig Jahren seit dem Tode des Urhebers nicht erfolgt, so wird vermutet[3], daß das Urheberrecht dem Eigentümer des Werkes zustehe[4]).

1. Vgl. § 7 A. 1, § 35.

2. Über die Berechnung der Schutzfristen vgl. § 34. Durch das Erscheinen neuer Auflagen oder Ausgaben (vgl. § 11 A. 1) wird die Schutzfrist nicht verlängert, es sei denn, daß sich die neue Auflage als neues Werk darstellt, für welches ein neues Urheberrecht begründet ist, RGZ. 12, 115. Rühren die in einer neuen Auflage enthaltenen Zusätze von einem anderen als dem Verfasser des

ursprünglichen Werkes her, so besteht bezüglich dieser Zusätze ein besonderes Urheberrecht mit besonderer Schutzfrist.

3. Gegen diese gesetzliche Vermutung ist Gegenbeweis zulässig.

4. Solange die Veröffentlichung eines Werkes nicht erfolgt ist, ist sein Schutz zeitlich unbegrenzt. Auch wenn der Urheber bereits seit mehr als dreißig Jahren verstorben ist, genießt das Werk im Falle der Veröffentlichung zehn Jahre lang Urheberrechtsschutz. Auf Schriften, die schon in alter Zeit veröffentlicht waren, demnächst aber verloren gegangen sind und erst später wieder aufgefunden werden, erstreckt sich die Vorschrift nicht, ebensowenig auf alte Urkunden, Inschriften usw. Die Tätigkeit der Entzifferung, Prüfung und Feststellung eines solchen Textes begründet sonach für den Herausgeber keinerlei ausschließliches Recht an dem Texte, nur die dem Texte beigefügten kritischen Erläuterungen sind gegen Nachdruck geschützt.

§ 30.

Steht das Urheberrecht an einem Werke mehreren gemeinschaftlich zu, so bestimmt sich, soweit der Zeitpunkt des Todes für die Schutzfrist maßgebend ist, deren Ablauf nach dem Tode des Letztlebenden[1]).

1. Der Paragraph bezieht sich nicht nur auf den Fall des § 6, sondern auch auf den Fall, daß nach § 4 mehreren Herausgebern oder Verlegern das Urheberrecht an einem Sammelwerke gemeinschaftlich zusteht. Die Verlängerung der Schutzfrist in Ansehung des vorverstorbenen Miturhebers kommt seinen Rechtsnachfolgern, nicht den überlebenden Miturhebern zugute.

§ 31.

Ist der wahre Name des Urhebers nicht bei der ersten Veröffentlichung[1]) gemäß § 7 Abs. 1, 3 an-

gegeben worden, so endigt der Schutz mit dem Ablaufe von dreißig Jahren seit der Veröffentlichung [1]).

Wird der wahre Name des Urhebers binnen der dreißigjährigen Frist gemäß § 7 Abs. 1, 3 angegeben [2]) oder von dem Berechtigten [3]) zur Eintragung in die Eintragsrolle (§ 56) angemeldet, so finden die Vorschriften des § 29 Anwendung. Das gleiche gilt, wenn das Werk erst nach dem Tode des Urhebers veröffentlicht wird [4]).

1. Vgl. § 7 A. 1, § 35.

2. Die längere Frist kann hiernach dadurch gewahrt werden, daß der wahre Name des Urhebers bei einer anderweiten Veröffentlichung des Werkes, z. B. bei einem Neudruck oder einer wiederholten Aufführung, den Vorschriften des § 7 entsprechend angegeben wird.

3. Der Anmeldende muß zur Vornahme der Anmeldung berechtigt sein. Die Eintragung wird zwar nach § 56 ohne Prüfung seiner Berechtigung bewirkt, jedoch hat die Anmeldung eines unberechtigten Antragstellers nicht die im Abs. 2 vorgesehene Wirkung. Zur Wahrung der dreißigjährigen Frist genügt es, wenn die Anmeldung innerhalb dieser Frist erfolgt ist, auf den Zeitpunkt der Eintragung kommt es nicht an.

4. Durch den Schlußsatz soll die Möglichkeit ausgeschlossen werden, daß ein erst nach dem Tode des Urhebers veröffentlichtes Werk, weil der Urheber nicht genannt ist, nach Abs. 1 einen längeren Schutz genießt, als dies nach dem allgemeinen Grundsatze des § 29 der Fall sein würde.

§ 32.

Steht einer juristischen Person nach den §§ 3, 4 das Urheberrecht zu, so endigt der Schutz mit dem Ablaufe von dreißig Jahren [1]) seit der Veröffentlichung²). Jedoch endigt der Schutz mit dem Ablaufe der im § 29 bestimmten Fristen, wenn das Werk erst nach dem Tode des Verfassers veröffentlicht wird³).

1. Über die Berechnung der Frist vgl. § 34.

2. Vgl. § 7 A. 1, § 35.

3. Durch den dem Schlußsatze des § 31 entsprechenden Satz 2 soll die Möglichkeit ausgeschlossen werden, daß ein von einer juristischen Person erst nach dem Tode des Verfassers herausgegebenes Werk gemäß Satz 1 einen längeren Schutz genießt, als ihm nach der allgemeinen Vorschrift des § 29 zukommen würde.

§ 33.

Bei Werken, die aus mehreren in Zwischenräumen veröffentlichten Bänden bestehen, sowie bei fortlaufenden Berichten oder Heften wird jeder Band, jeder Bericht oder jedes Heft für die Berechnung der Schutzfristen als ein besonderes Werk angesehen¹).

Bei den in Lieferungen²) veröffentlichten Werken wird die Schutzfrist erst von der Veröffentlichung der letzten Lieferung an berechnet.

1. Auch bei Werken, die in mehreren Bänden einen einzigen Gegenstand behandeln, läuft die Schutzfrist für jeden Band schon von seiner Veröffentlichung an.

2. Unter „Lieferung“ ist ein Teil eines in Fortsetzungen erscheinenden Werkes zu verstehen, welcher keine in sich abgeschlossene Publikation bildet, sondern so unlöslich mit den übrigen Bestandteilen des Werkes zusammenhängt, daß das Fehlen einer einzigen Lieferung das ganze Werk unvollständig macht.

§ 34.

Die Schutzfristen beginnen mit dem Ablaufe des Kalenderjahrs, in welchem der Urheber gestorben oder das Werk veröffentlicht worden ist.

§ 35.

Soweit der in diesem Gesetze gewährte Schutz davon abhängt, ob ein Werk erschienen oder anderweit veröffentlicht oder ob der wesentliche Inhalt eines Werkes öffentlich mitgeteilt worden ist[1]), kommt nur eine Veröffentlichung oder Mitteilung in Betracht, die der Berechtigte bewirkt hat.

1. Das Erscheinen des Werkes, die anderweite Veröffentlichung sowie die öffentliche Mitteilung des Inhalts ist namentlich von Bedeutung für die Vorschriften in den §§ 10, 11 Abs. 1, 3, §§ 19 bis 23, 27, 29, 31, 32, 38, 39, 53, 55, 60, 62.

Vierter Abschnitt.

Rechtsverletzungen[1]).

1. Vorbemerkung zum vierten Abschnitte:

Das Gesetz regelt die zivilrechtlichen Folgen von Eingriffen in das Recht des Urhebers nicht erschöpfend. Soweit sich aus den allgemeinen Vorschriften des bürgerlichen Rechtes sonstige Ansprüche begründen lassen, bleiben diese unberührt. Es begründet insbesondere jeder Eingriff in das Urheberrecht für den Verletzten einen klagbaren Anspruch auf Beseitigung der Beeinträchtigung und, falls weitere Beeinträchtigungen zu besorgen sind, auf Unterlassung, BGB. § 1004. Soweit das Gesetz den Abdruck nicht verbietet, kann — z. B. im Falle des Abdrucks vermischter Nachrichten tatsächlichen Inhalts oder von Tagesneuigkeiten ohne Quellenangabe auf Grund des § 18 Abs. 3 — eine Klage auf Unterlassung oder Schadensersatz in Gemäßheit des Gesetzes zur Bekämpfung des unlauteren Wettbewerbs vom 7. Juni 1909 oder der §§ 823, 826 BGB. begründet sein, vgl. Recht 02, 323. Ferner kann in den Fällen, in denen die Voraussetzungen einer Schadensersatzklage nicht gegeben sind, dem Berechtigten eine Klage auf Herausgabe der ungerechtfertigten Bereicherung gemäß §§ 812 bis 822 BGB. zustehen. Dagegen ist, wenn jemand ein von ihm bearbeitetes Musikstück unter dem Namen eines anderen herausgibt, § 14 des Gesetzes zum Schutz der Warenbezeichnungen vom 12. Mai 1894 nicht anwendbar, weil der Name zwar ein Zeichen für die Herkunft, aber für die Herkunft der Geistesschöpfung, nicht der Sache als Ware ist, RGSt. 39, 93.

Für die Frage, inwieweit wegen im Auslande begangener Verletzungen eines inländischen Urhebers eine Strafverfolgung eintritt, sind die Grundsätze des StGB. (§§ 4 bis 9) maßgebend. Bezüglich der zivilrechtlichen Folgen der Urheberrechtsverletzungen (Schadensersatzpflicht usw.) ist, wenn die Tat im Auslande verübt ist, das Recht des Begehungsorts anzuwenden; jedoch können gegen einen Deutschen nicht weitergehende Ansprüche geltend gemacht werden, als nach den deutschen Gesetzen begründet sind, EGBGB. Art. 12. Gegen die Verbreitung der im Auslande hergestellten Exemplare innerhalb Deutschlands ist der Urheber durch §§ 36, 38 Abs. 1 Nr. 1, § 42 geschützt.

§ 36.

Wer vorsätzlich oder fahrlässig[1]) unter Verletzung der ausschließlichen Befugnis des Urhebers ein Werk vervielfältigt[2]), gewerbsmäßig[3]) verbreitet[4]) oder den wesentlichen Inhalt eines Werkes öffent-

lich mitteilt, ist dem Berechtigten zum Ersatze des daraus entstehenden Schadens[5]) verpflichtet[6]).

1. Nach der Anschauung des Verkehrs handelt ein Sortimentsbuchhändler nicht fahrlässig, wenn er es unterläßt, über die Berechtigung der Verleger, die ihm Werke zur Verbreitung überlassen, Erkundigungen einzuziehen, Begr. I. Über Fälle, in denen Fahrlässigkeit angenommen ist, vgl. RGSt. 26, 123; 29, 198; Bolze 13, 60.

2. Unter „vervielfältigen" ist nicht nur die mechanische Tätigkeit des Druckens, Abschreibens usw. zu verstehen, sondern die Gesamtheit der zur Reproduktion des Werkes erforderlichen Veranstaltungen; auch der Verleger, der die Herstellung des Werkes übernommen hat, „vervielfältigt" dasselbe.

3. Über das Erfordernis der Gewerbsmäßigkeit vgl. § 11 A. 3. Auch die einmalige Verbreitung eines Exemplars ist eine gewerbsmäßige, sobald der Verbreitende hierbei in Ausübung seines Gewerbes, sei es als Sortimenter oder in ähnlicher handelsgeschäftlicher Eigenschaft, tätig wird, RGSt. 10, 404; 11, 535. Keine Verletzung des Urheberrechts enthält das gewerbsmäßige oder nicht gewerbsmäßige Verleihen, vgl. § 11.

4. Über den Begriff: „Verbreiten" vgl. § 11 A. 3.

5. Die Schadensersatzpflicht erstreckt sich nur auf den entstandenen Vermögensschaden, nicht auch auf Vergütung für die erlittenen persönlichen Nachteile und Kränkungen, § 253 BGB. Sie umfaßt aber auch den entgangenen Gewinn, § 252 BGB.

6. Über die Haftung für den durch eine gemeinschaftliche unerlaubte Handlung entstandenen sowie für den durch einen anderen verursachten Schaden vgl. §§ 830 bis 832 BGB.

§ 37.

Wer vorsätzlich oder fahrlässig unter Verletzung der ausschließlichen Befugnis des Urhebers ein

Werk öffentlich[1]) aufführt[2]) oder öffentlich vorträgt, ist dem Berechtigten zum Ersatze des daraus entstehenden Schadens verpflichtet[3]). Die gleiche Verpflichtung trifft denjenigen, welcher vorsätzlich oder fahrlässig eine dramatische Bearbeitung, die nach § 12 unzulässig ist, öffentlich aufführt oder eine bildliche Darstellung, die nach § 12 unzulässig ist, öffentlich vorführt.

1. Öffentlich ist eine Aufführung, wenn die Teilnahme an ihr nicht auf einen nach innen zusammengeschlossenen, nach außen abgegrenzten Personenkreis beschränkt ist, sondern unbestimmt welchen und wievielen Personen freisteht, GoltdArch. 56, 70.

2. Bei einer Aufführung ist derjenige als Täter anzusehen, dessen Tätigkeitswille auf Veranstaltung der Aufführung gerichtet ist und durch dessen Tätigkeit die Aufführung ins Werk gesetzt wird. Daß er das Werk persönlich vorführt, ist dabei weder erforderlich noch anderseits genügend. Bestimmt und angeordnet wird die Aufführung insbesondere von demjenigen, welcher die zur Darstellung zu bringenden Werke auswählt, dessen Wille also in dieser Hinsicht maßgebend ist, GoltdArch. 56, 70. Hierzu ist indessen nicht erforderlich, daß der Betreffende für die zu veranstaltende Aufführung jedes einzelne Werk, insbesondere bei Konzerten jedes einzelne Musikstück auswählt und bestimmt, vielmehr können auch schon bezügliche Anordnungen allgemeinerer Art genügen. Wann derartige allgemeine Anordnungen in ausreichender Weise vorliegen, um den Willen des Anordnenden auf Aufführung eines geschützten Werkes äußerlich erkennbar zu machen, und ob hiernach im Einzelfalle der Konzertunternehmer oder der nicht schon als solcher in Betracht kommende Musikdirigent derjenige ist, welcher das Werk aufführt, kann lediglich nach der jeweiligen Lage der be-

sonderen Umstände entschieden werden, RGSt. 41, 287; RGZ. 38, 23. Wem bei einer Aufführung die maßgebende Tätigkeit und der maßgebende Wille zukommt, darf nicht allein nach den Beziehungen zur künstlerischen Seite des Unternehmens beantwortet werden, vielmehr kommen auch die Beziehungen zur wirtschaftlichen, gewerblichen Seite in Betracht, JW. 08, 605. Es begründet an sich auch keinen Unterschied, ob die Aufführung auf dem tätigen Handeln einer Person beruht oder ob sie auf eine vorsätzliche Unterlassung ihrer Verhinderung zurückzuführen ist, sofern eine rechtliche Verpflichtung zu dieser Verhinderung bestand und die Erfüllung dieser Pflicht in dem Bewußtsein verabsäumt wurde, daß es zu der Aufführung kommen werde. Insbesondere ist bei Veranstaltung musikalischer Aufführungen in Gastwirtschaften zu berücksichtigen, daß der Wirt das Recht und die Pflicht hat, jede strafbare Handlung in seinen Räumen zu verbieten und zu verhindern, JW. 08, 605; 09, 530. Derjenige, welcher lediglich die äußeren Bedingungen für Aufführungen schafft, die Wahl der Werke und die Bestimmung über deren Vorführung aber einem anderen überträgt und überläßt, ist nicht Aufführer. Ebensowenig andererseits derjenige, welcher lediglich nach der Bestimmung eines anderen ein Werk, sei es auch allein, zu Gehör bringt, spielt, singt. Bei einem Bühnenwerk wird regelmäßig der Leiter der Bühne, der über das Repertoire Bestimmung trifft, der Täter sein, ohne Rücksicht, ob er aus der Aufführung einen Vorteil zieht; dagegen wird der Regisseur, der artistische Leiter, der darstellende Schauspieler, der das vom Theaterleiter zur Aufführung ausgewählte und bestimmte Werk in Szene setzt, an der Darstellung mitwirkt, in der Regel nicht als Täter erachtet werden können, GoltdArch. 56, 70. Vgl. auch § 11 A. 8.

3. Vgl. § 36 A. 5 und 6.

§ 38.

Mit Geldstrafe bis zu dreitausend Mark wird bestraft[1]:

1. wer in anderen als den gesetzlich zugelassenen Fällen vorsätzlich[2]) ohne Einwilligung des Berechtigten[3]) ein Werk vervielfältigt[4]) oder gewerbsmäßig[5]) verbreitet[6]);
2. wer in anderen als den gesetzlich zugelassenen Fällen vorsätzlich ohne Einwilligung des Berechtigten ein Bühnenwerk, ein Werk der Tonkunst oder eine dramatische Bearbeitung, die nach § 12 unzulässig ist, öffentlich aufführt[7]) oder eine bildliche Darstellung, die nach § 12 unzulässig ist, öffentlich vorführt oder ein Werk, bevor es erschienen[8]) ist, öffentlich vorträgt.

War die Einwilligung des Berechtigten nur deshalb erforderlich, weil an dem Werke selbst, an dessen Titel oder an der Bezeichnung des Urhebers Aenderungen vorgekommen sind, so tritt Geldstrafe bis zu dreihundert Mark ein[9]).

Soll eine nicht beizutreibende Geldstrafe in Gefängnisstrafe umgewandelt werden[10]), so darf deren Dauer in den Fällen des Abs. 1 sechs Monate, in den Fällen des Abs. 2 einen Monat nicht übersteigen.

1. Die Tat ist ein nur auf Antrag verfolgbares (vgl. § 45) Vergehen und gehört zur Zuständigkeit der Strafkammern. Hinsichtlich der Täterschaft und Teil-

nahme gelten die allgemeinen Grundsätze des Strafgesetzbuchs (§§ 47 bis 49 StGB.).

Abweichend vom früheren Recht, jedoch in Übereinstimmung mit den allgemeinen Grundsätzen des Strafrechts, schließt auch bei den Urheberrechtsverletzungen ein Irrtum über das Strafgesetz, selbst wenn er entschuldbar ist, die Bestrafung nicht aus. Alle Rechtsbegriffe, die in den nachstehenden Strafbestimmungen in die Norm aufgenommen sind, sind dadurch Bestandteile des Strafgesetzes geworden, so daß Unkenntnis oder Irrtum bezüglich dieser Rechtsbegriffe den Täter nicht vor Strafe schützt. Insbesondere ist also eine Berufung darauf, der Täter habe sich im Irrtum über die gesetzlichen Befugnisse des Urhebers oder über deren Einschränkungen befunden, bedeutungslos, RGSt. 36, 11; JW. 09, 529; ebenso eine Berufung auf die irrtümliche Annahme, die Einwilligung des Verlegers könne die nach dem Gesetz erforderliche Einwilligung des Verfassers ersetzen, SeuffBl. 08, 800. Dagegen steht der Irrtum über Zivilrechtsverhältnisse dem tatsächlichen Irrtum (§ 59 StGB.) gleich.

Mindestbetrag der Geldstrafe sind 3 Mk., StGB. § 27.

2. Es genügt aber auch der eventuelle Vorsatz, d. h. das Wollen des als möglich vorgestellten Erfolges, vgl. RGSt. 6, 278. Eventualvorsatz kann aber nur dann als gegeben angenommen werden, wenn festgestellt wird, daß der Täter gerade die zur Aburteilung stehende Tat, wenn auch nicht in allen Einzelheiten ihres Verlaufs, aber doch ihrem Wesen nach sich als möglich vorgestellt und sie auch für den Fall, daß sie den vorgestellten Erfolg habe, gewollt hat. Der Begriff eines auf die Begehung von Straftaten im allgemeinen oder auch von Straftaten einer bestimmten Gattung gerichteten generellen Eventualdolus ist dem geltenden Recht fremd, JW. 07, 418.

3. Die Tatsache rechtswidrigen Eingriffs in ein fremdes Urheberrecht ist nicht davon abhängig, daß dem Urheber durch die als Eingriff in Frage kommende

Handlung ein Schaden verursacht wird. Zwar entfällt die Rechtswidrigkeit, wenn der Urheber mit der Handlung des anderen einverstanden ist und sie genehmigt; der andere darf aber nicht lediglich deshalb, weil nach seiner Meinung ein Schaden für den Urheber nicht entstehen könne, ohne weiteres voraussetzen, daß er mit dessen Einverständnis handele, Recht 07, 1480 Nr. 3751.

4. Über den Begriff: „Vervielfältigen" vgl. § 36 A. 2. Als mittelbarer Täter der widerrechtlichen Vervielfältigung kann derjenige angesehen werden, der einen anderen unter der Vorspiegelung, das Vervielfältigungsrecht zu besitzen, veranlaßt, ein Werk abzudrucken, RGSt. 37, 370; 41, 401. Zur Vollendung des Delikts ist es nicht erforderlich, daß das Werk ganz vervielfältigt worden ist; vielmehr liegt ein vollendeter Nachdruck schon dann vor, wenn auch nur von einem Teile des Werkes, der als solcher Objekt des Rechtsschutzes zu sein vermag, eine Vervielfältigung hergestellt worden ist, vgl. § 41.

Für die Strafbarkeit einer gesetzwidrigen Vervielfältigung ist es gleichgültig, ob ein daraus zu erzielender Gewinn beabsichtigt war oder nicht, RGSt. 37, 369; JW. 09, 529; vgl. § 11 A. 2, § 15 A. 1.

4. Vgl. § 36 A. 3.

5. Über „Verbreiten" vgl. § 11 A. 3. Ob im Falle einer strafbaren Vervielfältigung und demnächstigen strafbaren Verbreitung desselben Werkes ein einziges fortgesetztes Delikt oder zwei selbständige strafbare Handlungen anzunehmen sind (StGB. §§ 73, 74), hängt von der Gestaltung des einzelnen Falles ab. Das erstere wird der Fall sein, wenn außer dem tatsächlichen Zusammenhang der einzelnen Tätigkeitsakte, zufolge dessen die erste Handlung den der Natur der Sache nach notwendigen ersten Schritt zur Verwirklichung der Gesamthandlung bildet, der Vorsatz von vornherein die mehreren in Aussicht genommenen Akte strafbarer Tätigkeit als ein einheitliches Ganzes, als eine einzige in ihrer wesent-

lichen Gestaltung abgegrenzte Straftat dergestalt umfaßt, daß die einzelnen Tätigkeitsakte als Ausfluß des einheitlichen, die gesamte strafbare Tätigkeit umfassenden Vorsatzes, als unselbständige Ausführungsakte einer Straftat erscheinen.

Wenn jemand die Urheberrechte mehrerer Personen durch gewerbsmäßige Verbreitung mehrerer geschützter Werke verletzt hat, so sind so viele selbständige strafbare Handlungen anzunehmen als Verletzte vorhanden sind; denn nicht der Gewerbebetrieb als solcher bildet das strafbare Moment, sondern die Verletzung eines Individualrechts. Dagegen repräsentiert nicht jeder Einzelverkauf auch eine selbständige Handlung, RGSt. 4, 36.

Durch § 7 Abs. 2 StPO. wird der Gerichtsstand der begangenen Tat bei demjenigen Gericht, in dessen Bezirk die widerrechtliche Verbreitung einer Druckschrift erfolgt ist, nicht ausgeschlossen; denn der Ort des Erscheinens einer Druckschrift ist als ausschließlicher Gerichtsstand der begangenen Tat nur dann anzusehen, wenn durch den Inhalt der Druckschrift der Tatbestand einer strafbaren Handlung begründet wird; die Strafbarkeit eines Nachdrucks wird aber nicht durch den Inhalt des abgedruckten Werkes, sondern dadurch begründet, daß das Werk unter Verletzung der Urheberrechte abgedruckt oder der Abdruck gewerbsmäßig verbreitet wird, DJZ. 03, 550.

6. Über den Begriff „Aufführen" vgl. § 37 A. 2, § 11 A. 8. Mit dem Beginn der Aufführung ist die Tat vollendet; Versuch ist nicht strafbar.

7. Vgl. § 7 A. 1, § 35.

8. Unter die Strafvorschrift des Abs. 2 fallen sowohl Zuwiderhandlungen gegen § 9 wie gegen § 24. Unter „Änderungen" sind auch Übersetzungen und sonstige Bearbeitungen eines Werkes zu verstehen. Die Tat kann durch Vervielfältigung, gewerbsmäßiges Verbreiten, öffentliche Aufführung oder öffentlichen Vortrag begangen werden. Liegt der Tatbestand des Abs. 2 vor, so sind

die Schöffengerichte zuständig, GVG. § 27. Mindestbetrag der Geldstrafe sind auch in diesem Falle 3 Mark, StGB. § 27.

Bei unbefugter Vervielfältigung und dadurch verwirkter Bestrafung kann die unbefugte Änderung nach Abs. 2 nur bei der Strafzumessung in Betracht kommen, RGSt. 42, 194.

9. Die nicht beitreibbare Geldstrafe ist in Gefängnis umzuwandeln, wobei ein Betrag von 3 bis 15 Mark einer eintägigen Gefängnisstrafe gleichzuachten ist; die Umwandlung kann in Haft erfolgen, wenn die erkannte Strafe nicht den Betrag von 600 Mark und die an ihre Stelle tretende Freiheitsstrafe nicht die Dauer von sechs Wochen übersteigt, StGB. §§ 28, 29.

§ 39.

Wer den wesentlichen Inhalt eines Werkes, bevor der Inhalt öffentlich mitgeteilt ist[1]), vorsätzlich ohne Einwilligung des Berechtigten öffentlich mitteilt[2]), wird mit Geldstrafe bis zu eintausendfünfhundert Mark bestraft[3]). Soll eine nicht beizutreibende Geldstrafe in Gefängnisstrafe umgewandelt werden, so darf deren Dauer drei Monate nicht übersteigen.

1. Vgl. § 35.

2. Die Tat ist ein nur auf Antrag verfolgbares (vgl. § 45) Vergehen und gehört zur Zuständigkeit der Strafkammern; jedoch kann auf Antrag der Staatsanwaltschaft die Verhandlung und Entscheidung dem Schöffengericht überwiesen werden, wenn nach den Umständen des Falles anzunehmen ist, daß neben der zulässigen höchsten Strafe und neben der Vernichtung auf keine höhere Buße (vgl. § 40) als 1500 Mark zu erkennen sein werde, GVG. § 75,

Über den Einfluß des Irrtums auf die Strafbarkeit vgl. § 38 A. 1. Über teilweise öffentliche Mitteilung vgl. § 41.

3. Mindestbetrag der Geldstrafe sind 3 Mark (StGB. § 27). Über die Umwandlung einer nicht beitreibbaren Geldstrafe vgl. § 38 A. 9.

§ 40.

Auf Verlangen des Berechtigten[1]) kann[2]) neben der Strafe auf eine an ihn zu erlegende Buße[3]) bis zum Betrage von sechstausend Mark[4]) erkannt werden[5]). Die zu dieser Buße Verurteilten haften als Gesamtschuldner[6]).

Eine erkannte Buße[7]) schließt die Geltendmachung eines weiteren Anspruchs auf Schadensersatz aus.

1. Falls mehrere Berechtigte vorhanden sind, kann jeder selbständig den Anspruch auf Buße verfolgen. Die Gesamtsumme der Buße darf aber 6000 Mark nicht übersteigen. Für den Erben des Verletzten kann der Anspruch auf Buße nicht erhoben oder fortgesetzt werden (§ 444 Abs. 4 StPO.); nach Eintritt der Rechtskraft der Verurteilung geht aber der festgestellte Anspruch auf Buße auf den Erben über.

2. Sind die gesetzlichen Bedingungen erfüllt, so hängt es keineswegs vom Belieben des Richters ab, über den Bußeanspruch zu erkennen oder nicht. Der Richter kann zwar von einer Entscheidung über den Bußeanspruch Abstand nehmen, wenn ihm durch die Lage der Sache und die Anführungen des Nebenklägers gar keine Anhaltspunkte zur Feststellung eines Schadens geboten sind, er verletzt aber das Gesetz, wenn er sich einer Entscheidung lediglich deshalb enthält, weil ihm die ermittelten Tatsachen und die Angaben des Nebenklägers

keine zuverlässige Grundlage zu einer genauen Ermittelung des Schadens und seiner Größe gewähren, DJZ. 96, 366.

3. Die Buße hat wesentlich den Charakter einer Entschädigung; die Auferlegung einer Buße ist keine Verurteilung zu einer Strafe. Es kann deshalb der Antrag auf Buße nach der in der Revisionsinstanz erfolgten Aufhebung des Urteils auch noch in der wiederholten Hauptverhandlung gestellt werden, mag auch das erste Urteil, welches die Zuerkennung einer Buße abgelehnt hatte, nur auf Revision des Angeklagten aufgehoben worden sein, RGSt. 15, 439. Die Buße soll nicht nur den vermögensrechtlichen, sondern auch den immateriellen Schaden ersetzen, RGSt. 15, 352.

4. In Form einer Rente darf die Buße nicht zugesprochen werden, RGSt. 17, 178.

5. Der Anspruch auf Buße kann nur im Strafverfahren verfolgt werden, nicht im objektiven Verfahren des § 47 Abs. 2. Der die Buße Fordernde muß sich zu diesem Zwecke der öffentlichen Klage als Nebenkläger anschließen (StPO. § 443); er hat den Betrag, welchen er als Buße verlangt, anzugeben; auf einen höheren darf nicht erkannt werden, StPO. § 445.

Der Antrag auf Zuerkennung einer Buße kann bis zur Verkündung des Urteils erster Instanz gestellt werden (StPO. § 444 Abs. 1), und zwar auch schriftlich und in Verbindung mit der Erklärung des Anschlusses als Nebenkläger. Die Frist ist für gewahrt zu erachten, wenn der schriftliche Antrag bei dem mit der Verhandlung und Entscheidung der Strafsache befaßten Gerichte so zeitig eingeht, daß er nach dem gewöhnlichen Geschäftsgang noch in der Hauptverhandlung berücksichtigt werden kann. Der die Buße Fordernde braucht weder persönlich noch durch einen Vertreter in der Hauptverhandlung anwesend zu sein, RGSt. 13, 186; vgl. auch RGSt. 32, 346.

Der Antrag kann bis zur Verkündung des Urteils

d. h. wenn die Sache in die Berufungsinstanz gelangt, noch in dieser zurückgenommen, ein zurückgenommener Antrag nicht erneuert werden. Wird der Angeklagte freigesprochen oder das Verfahren eingestellt oder die Sache ohne Urteil erledigt, so gilt auch der Antrag ohne weitere Entscheidung für erledigt, StPO. § 444 Abs. 2, 3.

Aus dem Recht, eine Buße zu fordern, folgt die Befugnis des Berechtigten, sich zum Zwecke des Betriebes der Strafverfolgung auch dann der erhobenen öffentlichen Klage anzuschließen, wenn er eine Buße nicht beansprucht oder wenn er eine solche, weil die Verkündung des erstinstanzlichen Urteils bereits erfolgt ist (§ 444 Abs. 1 StPO.), nicht mehr fordern kann.

6. Die Haftung als Gesamtschuldner regelt sich nach BGB. §§ 421 bis 426.

Die Vollstreckung der über eine Buße ergangenen Entscheidung erfolgt auf Betreiben desjenigen, dem die Buße zuerkannt ist, nach den Vorschriften der ZPO., § 495 StPO.

7. Der Anspruch auf Schadensersatz ist ausgeschlossen, auch wenn nur ein Teil der geforderten Buße zuerkannt, dagegen nicht, wenn der Anspruch gänzlich aberkannt ist.

§ 41.

Die in den §§ 36 bis 39 bezeichneten Handlungen sind auch dann rechtswidrig, wenn das Werk nur zu einem Teile[1]) vervielfältigt, verbreitet, öffentlich mitgeteilt, aufgeführt, vorgeführt oder vorgetragen wird.

1. Ein partieller Nachdruck ist nur dann anzunehmen, wenn ein irgendwie erheblicher Teil des fremden Schriftwerks unbefugt vervielfältigt wird, und die Erheblichkeit des vervielfältigten Teils ist nach dem quantitativen und qualitativen Verhältnisse desselben zu dem ganzen Schrift-

werke zu ermessen, RGZ. 12, 117; RGSt. 8, 480. Voraussetzung der Widerrechtlichkeit ist, daß auch die vervielfältigte Stelle sich als Ergebnis des geistigen Schaffens des Urhebers darstellt; daß in diesem Teile die Eigenart des Werkes sich offenbaren müsse, ist eine Anforderung, die im Gesetze keine Stütze findet; noch weniger kann davon die Rede sein, daß die Individualität des Urhebers sich in dem Teile offenbaren müsse, RGSt. 39, 152. Die gleichen Grundsätze gelten für teilweise widerrechtliche Verbreitung, öffentliche Mitteilung, Aufführung und Vortrag.

In der Wahl des Titels eines Buches für ein anderes Buch ist eine Verletzung des Urheberrechts nicht enthalten, da der Titel als bloße Bezeichnung eines Schriftwerks kein Gegenstand des Urheberrechtsschutzes ist, RGZ. 12, 116; vgl. aber auch RGZ. 18, 13.

§ 42.

Die widerrechtlich hergestellten oder verbreiteten Exemplare und die zur widerrechtlichen Vervielfältigung ausschließlich bestimmten Vorrichtungen, wie Formen, Platten, Steine, Stereotypen, unterliegen der Vernichtung. Ist nur ein Teil des Werkes widerrechtlich hergestellt oder verbreitet, so ist auf Vernichtung dieses Teiles und der entsprechenden Vorrichtungen zu erkennen.

Gegenstand der Vernichtung sind alle Exemplare und Vorrichtungen, welche sich im Eigentume der an der Herstellung oder der Verbreitung Beteiligten[1]) sowie der Erben dieser Personen befinden[2]).

Auf die Vernichtung ist auch dann zu erkennen, wenn die Herstellung oder die Verbreitung weder vorsätzlich noch fahrlässig erfolgt. Das Gleiche gilt, wenn die Herstellung noch nicht vollendet ist[3]).

Die Vernichtung hat zu erfolgen, nachdem dem Eigentümer gegenüber rechtskräftig darauf erkannt ist[4]). Soweit die Exemplare oder die Vorrichtungen in anderer Weise als durch Vernichtung unschädlich gemacht werden können, hat dies zu geschehen, falls der Eigentümer die Kosten übernimmt.

1. Beteiligt ist jeder Mittäter, d. h. jeder, der einen Teil des Tatbestandes erfüllt hat, ferner nach § 830 Abs. 2 BGB. der Anstifter und Gehilfe.

2. Soweit die Exemplare und Vorrichtungen Gegenstand der Vernichtung sind, unterliegen sie auch der Beschlagnahme, vgl. §§ 94 ff. StPO.

3. Es muß aber mit der Herstellung wenigstens begonnen sein; die bloße Befürchtung, daß eine widerrechtliche Herstellung erfolgen werde, rechtfertigt noch nicht den Antrag auf Vernichtung.

4. Über das Verfahren vgl. §§ 46, 47.

§ 43.

Der Berechtigte kann statt der Vernichtung verlangen, daß ihm das Recht zuerkannt wird, die Exemplare und Vorrichtungen ganz oder teilweise gegen eine angemessene, höchstens dem Betrage der Herstellungskosten gleichkommende Vergütung zu übernehmen[1]).

1. Durch die Zuerkennung dieses Rechtes erlangt der Berechtigte gegen den Eigentümer einen obligatorischen Anspruch auf Übertragung des Eigentums gegen Entrichtung der im Paragraphen bezeichneten Vergütung. Über das Verfahren vgl. § 48.

§ 44.

Wer den Vorschriften des § 18 Abs. 1[1]) oder des § 25 zuwider unterläßt, die benutzte Quelle anzugeben[2]), wird mit Geldstrafe bis zu einhundertfünfzig Mark[3]) bestraft[4]).

1. Wenn feststeht, daß es sich um den Abdruck einer Ausarbeitung wissenschaftlichen oder unterhaltenden Inhalts im Sinne des § 18 Abs. 2 handelt, ist § 44 auch dann unanwendbar, wenn eine Bestrafung des Nachdrucks wegen mangelnden Vorsatzes nicht erfolgen kann, RGSt. 41, 349.

2. Die Tat ist eine nur auf Antrag verfolgbare (vgl. § 45) Übertretung und gehört zur Zuständigkeit der Schöffengerichte, GVG. § 27. Die Strafbarkeit tritt sowohl bei vorsätzlicher wie bei fahrlässiger Begehung ein; liegt jedoch weder Vorsatz noch Fahrlässigkeit vor, so kann eine Strafe nicht verhängt werden.

3. Mindestbetrag der Geldstrafe ist eine Mark; die nicht beitreibbare Geldstrafe ist in Haft umzuwandeln, wobei ein Betrag von 1 bis 15 Mark einer eintägigen Haftstrafe gleichzuachten ist. Höchstbetrag der an Stelle der Geldstrafe tretenden Haft sind sechs Wochen, StGB. §§ 27 bis 29.

4. Ein Anspruch auf Vernichtung der Exemplare, in denen die Quelle nicht angegeben ist, besteht nicht. Es kann aber trotz des Schweigens des Gesetzes, sofern durch die Unterlassung der Quellenangabe dem Berechtigten ein nachweisbarer Schaden entstanden ist, Ersatz dieses Schadens gemäß § 823 Abs. 1 BGB. verlangt werden; vgl. Vorbemerkung zum vierten Abschnitt.

§ 45.

Die Strafverfolgung in den Fällen der §§ 38, 39, 44 tritt nur auf Antrag[1]) ein[2]). Die Zurücknahme des Antrags ist zulässig.

1. Frist zur Stellung des Antrags: StGB. §§ 61, 62; Unteilbarkeit des Antrags: StGB. § 63; Zurücknahme des Antrags: StGB. § 64; Berechtigung zum Antrage: StGB. § 65; Form des Antrags StPO. § 156 Abs. 2.

Ein rechtzeitig gestellter Strafantrag wird nicht dadurch hinfällig, daß die Staatsanwaltschaft das daraufhin eingeleitete Verfahren mangels genügenden Nachweises des subjektiven Verschuldens eingestellt hat. Denn, sobald nachträglich der Beweis hierfür erbracht wird, bleibt jener Strafantrag für die Möglichkeit einer Verfolgung und Verurteilung wegen der seinerzeit angezeigten Straftat wirksam, JW. 09, 531.

Hinsichtlich der Unteilbarkeit des Antrags ist zu bemerken, daß, wenn auch der eigentliche Nachdruck und die widerrechtliche Verbreitung im § 38 Abs. 1 Nr. 1 äußerlich zusammengefaßt sind, doch jede dieser Handlungen ein selbständiges Delikt darstellt, so daß der Strafantrag gegen den Nachdrucker die Strafverfolgung des der widerrechtlichen Verbreitung Schuldigen nicht nach sich zieht.

2. Verletzter ist derjenige, welcher sich nach der rechtlichen Natur des Delikts als Träger des durch dasselbe verletzten Rechtsguts darstellt. Handelt es sich um ein in Verlag gegebenes Werk, so ist neben dem Verleger stets auch der Urheber, dessen Recht durch den Verlagsvertrag nur nach bestimmten Richtungen hin und nur zugunsten des Verlegers beschränkt wird, im übrigen aber fortbesteht, als Verletzter zum Antrage berechtigt. Hat der Verfasser durch Verlagsvertrag sein Werk einem Verleger als Beitrag zu einem Sammelwerk überlassen, so ist im Falle der Übertretung des § 18 Abs. 1 durch Nichtangabe der Quelle, da auch in diesem Falle das verletzte Rechtsgut in nichts anderem als in dem Urheberrecht besteht, nicht nur der Verleger des Sammelwerks, aus welchem der Artikel entnommen worden ist,

verletzt, vielmehr auch der Verfasser, soweit ihm im konkreten Fall das Recht zur anderweitigen Verfügung über seinen Artikel auch noch nach dem Erscheinen in dem Sammelwerk zusteht, VerlG. §§ 42 bis 46; RGSt. 38, 6.

§ 46.

Die Vernichtung der widerrechtlich hergestellten oder verbreiteten Exemplare und der zur widerrechtlichen Vervielfältigung ausschließlich bestimmten Vorrichtungen kann im Wege des bürgerlichen Rechtsstreits oder im Strafverfahren[1]) verfolgt werden[2]).

1. Nach § 42 Abs. 4 ist zur Vernichtung erforderlich, daß dem Eigentümer der Exemplare und Vorrichtungen gegenüber auf sie erkannt ist; falls also das Strafverfahren nicht gegen den Eigentümer gerichtet ist, muß dieser gemäß § 478 Abs. 2 StPO. zur Hauptverhandlung geladen werden. Auf den zugezogenen Eigentümer finden § 478 Abs. 3 und § 479 StPO. Anwendung. Ist die Zuziehung des Eigentümers zu dem Verfahren gegen den Beschuldigten unterblieben, so kann die Vernichtung nur im Wege des nachträglichen objektiven Strafverfahrens nach § 47 Abs. 2 oder im Wege des bürgerlichen Rechtsstreits erreicht werden.

2. In beiden Fällen kann die Vernichtung sowohl im Laufe eines schwebenden Straf- oder Zivilprozesses als auch im Wege eines besonderen Verfahrens verfolgt werden; vgl. § 47.

§ 47.

Auf die Vernichtung[1]) von Exemplaren oder Vorrichtungen kann auch im Strafverfahren nur auf besonderen Antrag[2]) des Berechtigten erkannt

werden. Die Zurücknahme des Antrags ist bis zur erfolgten Vernichtung zulässig[3]).

Der Berechtigte kann die Vernichtung von Exemplaren oder Vorrichtungen selbständig[4]) verfolgen. In diesem Falle finden die §§ 477 bis 479 der Strafprozeßordnung mit der Maßgabe Anwendung[5]), daß der Berechtigte als Privatkläger auftreten kann[6]).

1. Die Materie der Einziehung ist durch die Sonderbestimmung des § 42 für den Bereich der unter dieses Gesetz fallenden Straftaten erschöpfend geregelt und damit die Anwendung des § 40 StGB. insoweit ausgeschlossen, JW. 09, 531 Nr. 44.

2. In dem Strafantrag (vgl. § 45) ist der vom Gesetz geforderte besondere Antrag auf Vernichtung nicht enthalten; dieser ist vom Strafantrag völlig unabhängig, wird von dessen Zurücknahme nicht berührt und kann selbst dann gestellt werden, wenn der Verletzte ausdrücklich erklärt, eine Bestrafung des Nachdrucks nicht zu wollen, Recht 09, Rsprbeil. Nr. 621. Eine besondere Form ist für ihn nicht vorgesehen.

Durch eine auf einen Rechtsanwalt ausgestellte gewöhnliche Zivilprozeßvollmacht wird dieser auch zur Stellung des Antrags auf Einziehung im Strafverfahren legitimiert, RGSt. 22, 259.

3. Also abweichend von dem für die Zurücknahme des Antrags auf Strafverfolgung maßgebenden äußersten Zeitpunkt auch nach Verkündung eines auf Vernichtung lautenden Urteils.

4. D. h. außerhalb eines gegen einen Nachdruck oder eine widerrechtliche Verbreitung gerichteten Strafverfahrens (objektives Strafverfahren).

Wird in einem gegen eine Person eingeleiteten Strafverfahren der Angeklagte aus einem in seiner Person liegenden Grunde freigesprochen, so kann in demselben Urteile auf Vernichtung erkannt werden, sofern deren Voraussetzungen vorliegen. Der Grundsatz: „Ne bis in idem" schließt ein nachträgliches objektives Strafverfahren insoweit aus, als dadurch ein in einem vorausgegangenen Verfahren Verurteilter oder Freigesprochener betroffen werden würde, RGSt. 8, 349.

5. Die Anwendung der §§ 477 bis 479 StPO. führt zu folgendem Ergebnis: Sofern die Entscheidung nicht in Verbindung mit einem Urteil in der Hauptsache erfolgt, ist für den seitens des Staatsanwalts oder des Privatklägers zu stellenden Antrag zuständig dasjenige Gericht, welches für den Fall der Verfolgung einer bestimmten Person zuständig sein würde. Inhaltlich muß der Antrag den Erfordernissen einer Anklageschrift (§ 198 StPO.) entsprechen. Auf den Antrag wird vom Vorsitzenden Termin zur Verhandlung anberaumt, ohne daß eine Beschlußfassung des Gerichts stattfindet. Auf diesen Termin finden die Bestimmungen über die Hauptverhandlung (§§ 225 bis 275 StPO.) entsprechende Anwendung. Personen, die einen rechtlichen Anspruch auf den Gegenstand der Vernichtung oder des im § 43 bezeichneten Rechtes haben, sind, soweit dies ausführbar erscheint, zum Termin zu laden. Sie können alle Befugnisse eines Angeklagten ausüben, sich auch durch einen mit schriftlicher Vollmacht versehenen Verteidiger vertreten lassen; jedoch hält ihr Nichterscheinen das Verfahren und die Urteilsfällung nicht auf. Die Kosten der ersten Instanz können diesen Personen nicht auferlegt werden, RGSt. 12, 198, sie fallen vielmehr dem Staate zur Last. Den geladenen oder sonst zur Verhandlung zugezogenen Interessenten ist das Urteil, wenn sie seiner Verkündung nicht beigewohnt haben, zuzustellen, RGSt. 11, 414. Rechtsmittel gegen das Urteil stehen den Interessenten, und zwar auch dann, wenn sie im Verfahren erster Instanz noch nicht als Interessenten auf-

getreten waren, sowie der Staatsanwaltschaft und dem Privatkläger zu. Die Rechtsmittelfrist beginnt für solche Interessenten, welche bei dem Verfahren der Vorinstanz noch nicht beteiligt waren, mit der Verkündung des Urteils, für diejenigen Interessenten, denen das Urteil zuzustellen ist, mit der Zustellung.

6. Privatklage: StPO. §§ 414 bis 434.

§ 48.

Die §§ 46, 47 finden auf die Verfolgung des im § 43 bezeichneten Rechtes entsprechende Anwendung.

§ 49.

Für sämtliche Bundesstaaten sollen Sachverständigenkammern bestehen[1], die verpflichtet sind, auf Erfordern der Gerichte und der Staatsanwaltschaften Gutachten über die an sie gerichteten Fragen abzugeben[2].

Die Sachverständigenkammern sind befugt, auf Anrufen der Beteiligten[3] über Schadensersatzansprüche, über die Vernichtung von Exemplaren oder Vorrichtungen sowie über die Zuerkennung des im § 43 bezeichneten Rechtes[4], ferner in den Fällen des § 22 über den Anspruch auf die Erteilung der Erlaubnis als Schiedsrichter[5] zu verhandeln und zu entscheiden.

Der Reichskanzler erläßt die Bestimmungen über die Zusammensetzung und den Geschäftsbetrieb der Sachverständigenkammern.

Die einzelnen Mitglieder der Sachverständigenkammern sollen nicht ohne ihre Zustimmung und

nicht ohne Genehmigung des Vorsitzenden von den Gerichten als Sachverständige vernommen werden.

1. Die Sachverständigenkammern entsprechen den bisherigen Sachverständigenvereinen. (Für Preußen vgl. Bekanntm. d. Ministers der geistlichen usw. Angelegenheiten, JMBl. 02, 3.) Der Name „Sachverständigenkammer" soll die Eigenschaft der Vereinigungen als amtlicher Organe schärfer kennzeichnen. Es braucht nicht in jedem Bundesstaat eine besondere Sachverständigenkammer zu bestehen, vielmehr können sich auch mehrere Bundesstaaten zur Bildung gemeinschaftlicher Sachverständigenkammern vereinigen oder es kann sich ein Bundesstaat an die Kammer eines anderen anschließen.

2. Da die Sachverständigenkammern behördlichen Charakter haben, ist die Verlesung der von ihnen erstatteten schriftlichen Gutachten in der Hauptverhandlung zulässig, RGSt. 22, 260. Eine Verpflichtung der Gerichte zur Einholung des Gutachtens der Sachverständigenkammer besteht nicht, RGSt. 5, 84.

3. Durch einseitiges Anrufen seitens eines Beteiligten wird die Zuständigkeit der Sachverständigenkammern nicht begründet.

4. Zur Verhängung von Strafen sowie zur Entscheidung über einen Bußeanspruch sind die Sachverständigenkammern nicht befugt.

5. Schiedsgerichtliches Verfahren: ZPO. §§ 1025 bis 1048.

§ 50.

Der Anspruch auf Schadensersatz und die Strafverfolgung wegen Nachdrucks verjähren in drei Jahren[1]).

Die Verjährung beginnt mit dem Tage, an welchem die Verbreitung der Nachdruckexemplare zuerst stattgefunden hat[2]).

1. Bezüglich der Verjährung des Schadensersatzanspruchs vgl. BGB. §§ 202 bis 225, bezüglich der Verjährung der Strafverfolgung StGB. §§ 68, 69.

2. Als Verbreitung gilt noch nicht die Übergabe von Nachdruckexemplaren seitens eines Teilnehmers am Nachdrucke an andere Teilnehmer, vielmehr erst die Weitergabe an einen bei dem Nachdrucke nicht Beteiligten, RGSt. 11, 333.

Auf den Zeitpunkt, in dem der Verletzte von der Verbreitung Kenntnis erhalten hat, kommt es nicht an. Läßt sich der Tag der ersten Verbreitung nicht feststellen, so wird der Richter den ersten Tag des Jahres, in dem sicher die erste Verbreitung stattgefunden hat, als entscheidend anzunehmen haben.

§ 51.

Der Anspruch auf Schadensersatz und die Strafverfolgung wegen widerrechtlicher Verbreitung oder Aufführung sowie wegen widerrechtlichen Vortrags verjähren in drei Jahren. Das Gleiche gilt in den Fällen der §§ 36, 39[1]).

Die Verjährung beginnt mit dem Tage, an welchem die widerrechtliche Handlung zuletzt stattgefunden hat[2]).

1. Nach Satz 2 verjährt auch der Anspruch auf Schadensersatz und die Strafverfolgung wegen widerrechtlicher öffentlicher Mitteilung des wesentlichen Inhalts eines Werkes in drei Jahren. Vgl. auch § 50 A. 1.

2. Die Vorschrift des Abs. 2, welche im wesentlichen dem bisherigen Rechte entspricht, nimmt darauf Rücksicht, daß die in Abs. 1 bezeichneten Delikte regelmäßig nicht in einmaliger, sondern in fortgesetzter Begehung in die Erscheinung treten und daß es unbillig sein würde, bezüglich eines solchen Delikts die Verjährung eintreten zu

lassen, obwohl es innerhalb dreier Jahre seit seiner ersten Begehung ständig fortgesetzt ist. Die Vorschrift kann jedoch dann nicht Anwendung finden, wenn es sich um mehrere selbständige, auf verschiedenen Entschlüssen beruhende Delikte handelt; in solchem Falle läuft für jedes Delikt eine besondere Verjährung.

§ 52.

Der Antrag auf Vernichtung der widerrechtlich hergestellten oder verbreiteten Exemplare sowie der zur widerrechtlichen Vervielfältigung ausschließlich bestimmten Vorrichtungen ist so lange zulässig, als solche Exemplare oder Vorrichtungen vorhanden sind[1].

1. Der Antrag auf Vernichtung ist auch dann noch zulässig, wenn der Schutz des Urheberrechts inzwischen aufgehört hat, vgl. RGSt. 27, 27.

§ 53.

Die Verjährung der nach dem § 44 strafbaren Handlung beginnt mit dem Tage, an welchem die erste Veröffentlichung[1]) stattgefunden hat[2]).

1. Über den Begriff „Veröffentlichung" vgl. § 7 A. 1.
2. Die Verjährungsfrist beträgt drei Monate, StGB. § 67 Abs. 3. Der Tag, an dem die erste Veröffentlichung stattgefunden hat, wird in die Frist eingerechnet, RGRspr. 8, 493.

Fünfter Abschnitt.

Schlußbestimmungen.

§ 54.

Den Schutz genießen die Reichsangehörigen für alle ihre Werke, gleichviel ob diese erschienen sind oder nicht.[1])

1. Ebenso ist es unerheblich, ob das Werk im Inlande oder im Auslande erschienen ist.

§ 55.

Wer nicht Reichsangehöriger ist[1], genießt den Schutz für jedes seiner Werke, das im Inland erscheint[2], sofern er nicht das Werk selbst oder eine Uebersetzung an einem früheren Tage im Auslande hat erscheinen lassen[3]. Für den im § 2 Abs. 2 bestimmten Schutz ist an Stelle des Erscheinens die Vervielfältigung der Vorrichtung maßgebend.

Unter der gleichen Voraussetzung genießt er den Schutz für jedes seiner Werke, das er im Inland in einer Uebersetzung erscheinen läßt; die Uebersetzung gilt in diesem Falle als das Originalwerk[4].

1. Für Angehörige der zur Berner Übereinkunft gehörigen Staaten richtet sich der Schutz nach dieser; es ist aber die Anwendbarkeit solcher im Schutz der Urheber weitergehenden Vorschriften der inneren Gesetzgebung, welche zugunsten der Ausländer im allgemeinen erlassen sind, nicht ausgeschlossen, BÜ. Art. 19.

2. Daß das Werk bei einem inländischen Verleger erscheint, ist nicht erforderlich; auch die im Inlande im Kommissions- oder Selbstverlag erscheinenden Werke werden geschützt.

3. Lediglich das Erscheinen des Werkes (vgl. § 7 A. 2) ist maßgebend; eine sonstige Veröffentlichung bleibt ohne Einfluß. Dadurch, daß das Werk im Inland öffentlich aufgeführt wird, bevor es im Drucke herausgegeben wird, gewinnt es noch keinen Schutz; vgl. BÜ. Art. 4 Abs. 4.

4. Aus dieser Vorschrift ergibt sich, daß es unzulässig

ist, eine zweite Übersetzung des im Ausland erschienenen Originalwerkes zu veranstalten.

§ 56.

Die Rolle für die im § 31 Abs. 2 vorgesehenen Eintragungen wird bei dem Stadtrate zu Leipzig geführt. Der Stadtrat bewirkt die Eintragungen, ohne die Berechtigung des Antragstellers oder die Richtigkeit der zur Eintragung angemeldeten Tatsachen zu prüfen.

Wird die Eintragung abgelehnt, so steht den Beteiligten die Beschwerde an den Reichskanzler zu[1]).

1. Dagegen findet gegen die dem Antrag auf Eintragung stattgebende Verfügung ein Rechtsmittel nicht statt. Es kann nur im ordentlichen Rechtswege, eventuell auf erhobene Feststellungsklage (ZPO. § 256), entschieden werden, ob der Eintragung eine rechtliche Wirkung beizumessen ist oder nicht.

§ 57.

Der Reichskanzler erläßt die Bestimmungen über die Führung der Eintragsrolle. Die Einsicht der Eintragsrolle ist jedem gestattet. Aus der Rolle können Auszüge gefordert werden; die Auszüge sind auf Verlangen zu beglaubigen.

Die Eintragungen werden im Börsenblatte für den deutschen Buchhandel und, falls das Blatt zu erscheinen aufhören sollte, in einer anderen vom Reichskanzler zu bestimmenden Zeitung öffentlich bekannt gemacht[1]).

1. Nach der Bekanntm. v. 28. April 1903 (RGBl. 211) werden Eintragungen in die vom Stadtrate zu Leipzig geführte Eintragsrolle fortan im deutschen Reichsanzeiger öffentlich bekanntgemacht.

§ 58.

Eingaben, Verhandlungen, Bescheinigungen und sonstige Schriftstücke, welche die Eintragung in die Eintragsrolle betreffen, sind stempelfrei.

Für jede Eintragung, für jeden Eintragsschein sowie für jeden sonstigen Auszug aus der Eintragsrolle wird eine Gebühr von 1,50 Mark erhoben; außerdem hat der Antragsteller die Kosten für die öffentliche Bekanntmachung der Eintragung zu entrichten.

§ 59.

In bürgerlichen Rechtsstreitigkeiten, in welchen durch Klage oder Widerklage ein Anspruch auf Grund der Vorschriften dieses Gesetzes geltend gemacht ist, wird die Verhandlung und Entscheidung letzter Instanz im Sinne des § 8 des Einführungsgesetzes zum Gerichtsverfassungsgesetze dem Reichsgerichte zugewiesen.

§ 60.

Einem nachgelassenen Werke, das bei dem Inkrafttreten dieses Gesetzes noch nicht veröffentlicht[1]) ist, wird die im § 29 vorgesehene Schutzfrist auch dann zuteil, wenn die bisherige Schutzfrist bereits abgelaufen ist.

1. Über den Begriff „veröffentlicht“ vgl. § 7 A. 1,

§ 35. War das Werk beim Inkrafttreten dieses Gesetzes bereits veröffentlicht, so wird es nur dreißig Jahre vom Tode des Urhebers an geschützt, § 12 des Gesetzes vom 11. Juni 1870.

§ 61.

Der durch dieses Gesetz gewährte Schutz gegen Aufführung kann nach dessen Inkrafttreten einem Werke der Tonkunst, für welches das Aufführungsrecht bis dahin nicht vorbehalten war[1]), dadurch gesichert werden, daß das Werk nachträglich mit dem Vorbehalte[2]) versehen wird[3]). Jedoch ist die Aufführung eines solchen Werkes auch ferner ohne Einwilligung des Urhebers zulässig, sofern nicht bei der Aufführung Noten benutzt werden, die mit dem Vorbehalte versehen sind.

Die ausschließliche Befugnis zur öffentlichen Aufführung eines nach diesen Vorschriften geschützten Werkes steht dem Urheber zu.

1. Nach dem Gesetze vom 11. Juni 1870 (§ 50 Abs. 2) genossen musikalische Werke, die durch Druck veröffentlicht waren, nur dann Schutz gegen Aufführung, falls der Urheber auf dem Titelblatt oder an der Spitze des Werkes sich das Recht der öffentlichen Aufführung vorbehalten hatte.

2. Der Vorbehalt muß den in A. 1 angegebenen Vorschriften des Gesetzes vom 11. Juni 1870 entsprechen.

3. Dem Komponisten steht nicht das Recht zu, von dem Verleger seines Werkes zu verlangen, daß die noch nicht in den Handel gebrachten Noten mit dem Vorbehalte versehen werden. Ein darauf gerichteter Antrag wurde in der Reichstagskommission abgelehnt, vgl. KomBer. I zu § 62. Falls eine Einigung zwischen Ver-

leger und Komponist in dieser Frage nicht erzielt wird, bleibt ersterer auch nach dem Inkrafttreten des Gesetzes befugt, die Noten des in Verlag genommenen Werkes ohne Vorbehalt zu verbreiten.

§ 62.

[1]) **Die ausschließlichen Befugnisse des Urhebers eines geschützten Werkes bestimmen sich nach den Vorschriften dieses Gesetzes, auch wenn das Werk vor dessen Inkrafttreten entstanden ist[2]). War jedoch eine Uebersetzung[3]) oder sonstige Bearbeitung[4]) oder eine Sammlung, welche aus den Werken mehrerer Schriftsteller zum Schulgebrauche veranstaltet ist[5]), vor dem Inkrafttreten dieses Gesetzes erlaubterweise ganz oder zum Teil erschienen[6]), so bleibt die Befugnis des Bearbeiters zur Vervielfältigung, Verbreitung und öffentlichen Aufführung unberührt.**

1. Dieser Paragraph wie die übrigen Übergangsbestimmungen bezieht sich lediglich auf das Urheberrecht und ist auf das Verlagsrecht nicht analog anwendbar, RGZ. 54, 438.

2. Die Vorschriften des neuen Gesetzes kommen auf die bereits vorhandenen Werke auch dann zur Anwendung, wenn diesen ein Schutz bisher überhaupt nicht zustand.

3. Über die Voraussetzungen, unter denen nach dem Gesetze vom 11. Juni 1870 eine Übersetzung als Nachdruck galt, sowie über die Dauer des Schutzes gegen Übersetzung vgl. §§ 6, 15 des Gesetzes vom 11. Juni 1870.

4. Bearbeitungen eines Werkes der Tonkunst waren nach dem Gesetze vom 11. Juni 1870 (§ 46) nicht als

Nachdruck anzusehen, wenn sie als eigentümliche Kompositionen betrachtet werden konnten; insbesondere war zulässig der Abdruck von einzelnen Motiven oder Melodien eines Werkes, sofern sie künstlerisch verarbeitet waren (Variationen, Fantasien); vgl. jetzt § 13 Abs. 2.

5. Für die Zulässigkeit von Sammlungen zum Schulgebrauche war bisher § 7a des Gesetzes vom 11. Juni 1870 maßgebend, vgl. jetzt §§ 19, 24. Die Aufnahme der Übergangsbestimmung hinsichtlich solcher Sammlungen wurde für erforderlich erachtet, weil die Zulässigkeit von Änderungen der in diese Sammlungen aufgenommenen Aufsätze, Gedichte usw. gegenüber dem früheren Rechte eingeschränkt ist.

6. Über den Begriff „Erscheinen" vgl. § 7 A. 1.

§ 63.

Soweit eine Vervielfältigung, die nach dem Inkrafttreten dieses Gesetzes unzulässig ist, bisher erlaubt war, darf der bereits begonnene Druck von Exemplaren vollendet werden. Die vorhandenen Vorrichtungen, wie Formen, Platten, Steine, Stereotypen, dürfen noch bis zum Ablaufe von sechs Monaten benutzt werden. Die Verbreitung der gemäß dieser Vorschriften hergestellten sowie der bereits vor dem Inkrafttreten dieses Gesetzes vollendeten Exemplare ist zulässig.

§ 63a.

Die Vorschrift des § 12 Abs. 2 Nr. 5 findet keine Anwendung auf Werke der Tonkunst, die bereits vor dem 1. Mai 1909[1]) im Inland erlaubterweise für Vorrichtungen zur mechanischen Wiedergabe benutzt worden sind[2]). Im übrigen finden die Vorschriften des § 63 entsprechende Anwendung; Exemplare, deren Verbreitung hiernach zulässig ist, dürfen auch zu öffentlichen Aufführungen benutzt werden[3]).

Auf Werke der Literatur und der Tonkunst, die vor dem Inkrafttreten der Vorschriften des § 22 entstanden sind, finden diese auch insoweit Anwendung, als die Werke schon bisher einen Schutz gegen mechanische Wiedergabe genossen. Soweit jedoch dem Urheber bisher eine ausschließliche Befugnis zustand, das Werk zur mechanischen Wiedergabe zu benutzen, bleibt, wenn er die Befugnis einem anderen übertragen hat, dieser sowohl dem Urheber als Dritten gegenüber gemäß den bisherigen Vorschriften zu der Benutzung befugt. Auch wird in solchen Fällen, wenn der Urheber auf Grund des bisherigen Rechtes einem anderen ohne Uebertragung der ausschließlichen Befugnis gestattet hat, das geschützte Werk zur mechanischen Wiedergabe zu benutzen, hierdurch für Dritte nicht der Anspruch begründet, daß ihnen gleichfalls eine solche Erlaubnis erteilt werde[4]).

1. Der 1. Mai 1909 ist als Stichtag gewählt, weil angenommen wurde, daß jedenfalls von diesem Zeitpunkt an die Beschlüsse der Berliner Urheberrechtskonferenz und deren mögliche Einwirkungen auf den Rechtszustand in Deutschland den Beteiligten bekannt waren.

2. Das vor dem 1. Mai 1909 für ein mechanisches Musikinstrument erlaubterweise benutzte Werk bleibt ent-

sprechend dem früheren Rechtszustand für die ganze Industrie, nicht bloß für den Fabrikanten, der in jenem Zeitpunkt die Benutzung bereits aufgenommen hatte, frei verwertbar.

3. In der Zeit vom 1. Mai 1909 bis zum Inkrafttreten der durch das Gesetz vom 22. Mai 1910 eingeführten Vorschriften können erschienene Werke der Tonkunst auf Instrumente zur mechanischen Wiedergabe auf Grund des früheren § 22 übertragen werden, sofern es sich nicht um Instrumente handelt, durch die das Werk „hinsichtlich der Stärke und Dauer des Tons und hinsichtlich des Zeitmaßes nach Art eines persönlichen Vortrags wiedergegeben werden kann" (Pianolaklausel). Die hiernach zulässigerweise hergestellten Exemplare sowie diejenigen, mit deren Herstellung zur Zeit des Inkrafttretens der neuen Vorschriften bereits begonnen war, dürfen unbeschränkt verbreitet und zu öffentlichen Aufführungen benutzt werden; ferner dürfen die beim Inkrafttreten vorhandenen Matrizen und Schablonen noch bis zum Ablauf von 6 Monaten zur Herstellung weiterer Platten, Rollen usw. benutzt und diese hergestellten Exemplare wie bisher in den Verkehr gebracht werden. Gegen weitere Übertragung ist das erst nach dem 1. Mai 1909 übertragene Werk aber geschützt nach den neuen Vorschriften.

4. Abs. 2 schränkt die Anwendung des neuen Rechts ein mit Rücksicht auf die nach Maßgabe der Pianolaklausel (vgl. A. 3) des bisherigen Rechts begründeten Rechtsverhältnisse. Hat der Urheber die ihm nach dieser Klausel zustehende ausschließliche Befugnis, das Werk zur mechanischen Wiedergabe zu verwenden, einem anderen übertragen, so bleibt dieser andere zur ausschließlichen Benutzung befugt; ein Dritter hat also keinen Anspruch auf Erteilung einer Zwangslizenz. Letzteres gilt auch dann, wenn der Urheber nicht die ihm zustehende ausschließliche Befugnis übertragen, sondern nur dem

anderen die mechanische Wiedergabe durch bloße Erteilung einer Erlaubnis gestattet hat.

§ 64.

Dieses Gesetz tritt mit dem 1. Januar 1902 in Kraft.[1]) Die §§ 1 bis 56, 61, 62 des Gesetzes, betreffend das Urheberrecht an Schriftwerken usw., vom 11. Juni 1870 (Bundes-Gesetzbl. S. 339) treten mit demselben Tage außer Kraft[2]). Jedoch bleiben diese Vorschriften insoweit unberührt, als sie in den Reichsgesetzen über den Schutz von Werken der bildenden Künste, von Photographien sowie von Mustern und Modellen für anwendbar erklärt werden.

1. Die Novelle vom 22. Mai 1910 tritt gleichzeitig mit der BÜe. am 9. September 1910 in Kraft.

2. Die §§ 57 bis 60 des Gesetzes vom 11. Juni 1870 sind in Kraft geblieben und lauten wie folgt:

§ 57. Das gegenwärtige Gesetz tritt mit dem 1. Januar 1871 in Kraft. Alle früheren, in den einzelnen Staaten des Norddeutschen Bundes geltenden, rechtlichen Bestimmungen in Beziehung auf das Urheberrecht an Schriftwerken, Abbildungen, musikalischen Kompositionen und dramatischen Werken treten von demselben Tage ab außer Wirksamkeit.

§ 58. Das gegenwärtige Gesetz findet auf alle vor dem Inkrafttreten desselben erschienenen Schriftwerke, Abbildungen, musikalischen Kompositionen und dramatischen Werke Anwendung, selbst wenn dieselben nach den bisherigen Landesgesetzgebungen keinen Schutz gegen Nachdruck, Nachbildung oder öffentliche Aufführung genossen haben.

Die bei dem Inkrafttreten dieses Gesetzes vorhandenen Exemplare, deren Herstellung nach der bisherigen Gesetzgebung gestattet war, sollen auch fernerhin verbreitet werden dürfen, selbst wenn ihre Herstellung nach dem gegenwärtigen Gesetze untersagt ist.

Ebenso sollen die bei dem Inkrafttreten dieses Gesetzes vorhandenen, bisher rechtmäßig angefertigten Vorrichtungen, wie Formen, Platten, Steine, Stereotypabgüsse usw., auch fernerhin zur Anfertigung von Exemplaren benutzt werden dürfen.

Auch dürfen die beim Inkrafttreten des Gesetzes bereits begonnenen, bisher gestatteten Vervielfältigungen noch vollendet werden.

Die Regierungen der Staaten des Norddeutschen Bundes werden ein Inventarium über die Vorrichtungen, deren fernere Benutzung hiernach gestattet ist, amtlich aufstellen und diese Vorrichtungen mit einem gleichförmigen Stempel bedrucken lassen. Ebenso sollen alle Exemplare von Schriftwerken, welche nach Maßgabe dieses Paragraphen auch fernerhin verbreitet werden dürfen, mit einem Stempel versehen werden.

Nach Ablauf der für die Legalisierung angegebenen Frist unterliegen alle mit dem Stempel nicht versehenen Vorrichtungen und Exemplare der bezeichneten Werke, auf Antrag des Verletzten, der Einziehung. Die nähere Instruktion über das bei der Aufstellung des Inventariums und bei der Stempelung zu beobachtende Verfahren wird vom Bundeskanzleramte erlassen.

§ 59. Insofern nach den bisherigen Landesgesetzgebungen für den Vorbehalt des Übersetzungsrechts andere Förmlichkeiten und für das Erscheinen der ersten Übersetzung andere Fristen als im § 6 lit. c vorgeschrieben sind, hat es bei denselben in betreff derjenigen Werke, welche vor dem Inkrafttreten des gegenwärtigen Gesetzes bereits erschienen sind, sein Bewenden.

§ 60. Die Erteilung von Privilegien zum Schutze des Urheberrechts ist nicht mehr zulässig.

Dem Inhaber eines vor dem Inkrafttreten des gegenwärtigen Gesetzes von dem Deutschen Bunde oder den

Regierungen einzelner, jetzt zum Norddeutschen Bunde gehörigen Staaten erteilten Privilegiums steht es frei, ob er von diesem Privilegium Gebrauch machen oder den Schutz des gegenwärtigen Gesetzes anrufen will.

Der Privilegienschutz kann indes nur für den Umfang derjenigen Staaten geltend gemacht werden, von welchen derselbe erteilt worden ist.

Die Berufung auf den Privilegienschutz ist dadurch bedingt, daß das Privilegium entweder ganz oder dem wesentlichen Inhalte nach dem Werke vorgedruckt oder auf oder hinter dem Titelblatt desselben bemerkt ist. Wo dieses nach der Natur des Gegenstandes nicht stattfinden kann oder bisher nicht geschehen ist, muß das Privilegium, bei Vermeidung des Erlöschens, binnen drei Monaten nach dem Inkrafttreten dieses Gesetzes zur Eintragung in die Eintragsrolle angemeldet und von dem Kuratorium derselben öffentlich bekanntgemacht werden.

Urkundlich unter Unserer Höchsteigenhändigen Unterschrift und beigedrucktem Kaiserlichen Insiegel.

Gegeben an Bord M. Y. „Hohenzollern“, Cuxhaven, den 19. Juni 1901.

(L. S.)

Wilhelm.
Graf von Bülow.

Anhang.

Revidierte Berner Uebereinkunft zum Schutze von Werken der Literatur und Kunst.

Vom 13. November 1908.

(Übersetzung.)

Seine Majestät der Deutsche Kaiser, König von Preußen, im Namen des Deutschen Reichs; Seine Majestät der König der Belgier; Seine Majestät der König von Dänemark; Seine Majestät der König von Spanien; der Präsident der Französischen Republik; Seine Majestät der König des Vereinigten Königreichs von Großbritannien und Irland, Kaiser von Indien; Seine Majestät der König von Italien; Seine Majestät der Kaiser von Japan; der Präsident der Republik Liberia; Seine Königliche Hoheit der Großherzog von Luxemburg; Seine Durchlaucht der Fürst von Monaco; Seine Majestät der König von Norwegen; Seine Majestät der König von Schweden; Seine Hoheit der Bey von Tunis, gleichmäßig von dem Wunsche beseelt, in möglichst wirksamer und gleichmäßiger Weise das Urheberrecht an Werken der Literatur und Kunst zu schützen, haben den Abschluß einer Uebereinkunft beschlossen zum Zweck der Revision der Berner Uebereinkunft vom 9. September 1886, des Zusatzartikels und Schlußprotokolls zu dieser Uebereinkunft, ebenso wie der Zusatzakte und erläuternden Deklaration von Paris vom 4. Mai 1896.

Art. 1.

Die vertragschließenden Länder bilden einen Verband zum Schutze des Urheberrechts an Werken der Literatur und Kunst[1]).

1. Über den Ausdruck „Werke der Literatur und Kunst" vgl. Art. 2. Die Übereinkunft schließt Sonderabkommen der Verbandländer, die den Urhebern weitergehende Rechte gewähren, nicht aus (Art. 20). In den inneren Rechtszustand der Verbandländer greift sie nicht ein, wenn sie den Abdruck für gestattet erklärt; sie gewährt dann nur nicht dem in einem Verbandlande bestehenden Urheberrecht den Schutz in den anderen Verbandländern, beseitigt aber nicht den Urheberrechtsschutz jenes Verbandlandes, soweit er ohne diese Beschränkung bestehen kann, RGSt. 37, 386.

Art. 2.

Der Ausdruck „Werke der Literatur und Kunst" umfaßt alle Erzeugnisse aus dem Bereiche der Literatur, der Wissenschaft oder der Kunst ohne Rücksicht auf die Art oder die Form der Vervielfältigung, wie: Bücher, Broschüren und andere Schriftwerke; dramatische oder dramatisch-musikalische Werke, choreographische und pantomimische Werke, sofern der Bühnenvorgang schriftlich oder auf andere Weise festgelegt ist; Werke der Tonkunst mit oder ohne Text; Werke der zeichnenden Kunst, der Malerei, der Baukunst, der Bildhauerei; Stiche und Lithographien; Illustrationen, geographische Karten; geographische, topographische, architektonische oder wissenschaftliche Pläne, Skizzen und Darstellungen plastischer Art.

Den gleichen Schutz wie die Originalwerke genießen, unbeschadet des Urheberrechts an dem Originalwerk, Uebersetzungen [1]), Adaptationen, musikalische Arrangements und andere Umarbeitungen eines Werkes der Literatur oder der Kunst sowie Sammlungen aus verschiedenen Werken.

Die vertragschließenden Länder sind verpflichtet, den obengenannten Werken Schutz zu gewähren [2]).

Den Werken der angewandten Kunst wird Schutz gewährt, soweit die innere Gesetzgebung eines jeden Landes dies gestattet [3]).

1. In Abweichung von dem bisherigen Rechte ist der Schutz einer Übersetzung nicht mehr durch deren Rechtmäßigkeit bedingt; es ist also eine Übereinstimmung mit dem inländischen Recht erzielt (§ 2).

2. Durch Abs. 3 ist eine im bisherigen internationalen Rechte nicht begründete Verpflichtung der Verbandländer, ihre innere Gesetzgebung den Vorschriften der Berner Übereinkunft entsprechend zu gestalten, neu eingeführt.

3. Vgl. hierzu RGZ. 71, 145.

Art. 3.

Diese Uebereinkunft findet auch Anwendung auf Werke der Photographie und die durch ein der Photographie ähnliches Verfahren hergestellten Werke. Die vertragschließenden Länder sind verpflichtet, diesen Werken Schutz zu gewähren.

Art. 4.

Die einem der Verbandländer angehörigen Urheber genießen sowohl für die nicht veröffentlichten als für die in einem Verbandlande zum ersten Male veröffentlichten Werke in allen Verbandländern mit Ausnahme des Ursprunglandes[1]) des Werkes diejenigen Rechte, welche die einschlägigen Gesetze den inländischen Urhebern gegenwärtig einräumen oder in Zukunft einräumen werden, sowie die in dieser Uebereinkunft besonders festgesetzten Rechte[2]).

Der Genuß und die Ausübung dieser Rechte sind an die Erfüllung irgendwelcher Förmlichkeiten nicht gebunden; dieser Genuß und diese Ausübung sind von dem Bestehen eines Schutzes in dem Ursprungslande eines Werkes unabhängig. Soweit nicht diese Uebereinkunft ein anderes bestimmt, richten sich demnach der Umfang des Schutzes sowie die dem Urheber zur Wahrung seiner Rechte zustehenden Rechtsbehelfe ausschließlich nach den Gesetzen des Landes, in welchem der Schutz beansprucht wird.

Als Ursprungland des Werkes wird angesehen: für die nicht veröffentlichten Werke das Heimatland des Urhebers; für die veröffentlichten Werke dasjenige Land, in welchem die erste Veröffentlichung erfolgt ist, und für die gleichzeitig in mehreren Verbandländern veröffentlichten Werke dasjenige von diesen Ländern, dessen Gesetzgebung die kürzeste Schutzdauer gewährt. Für die gleichzeitig in einem Nichtverbandlande und in einem Verbandlande veröffentlichten Werke wird letzteres Land ausschließlich als Ursprungsland angesehen.

Unter veröffentlichten Werken sind im Sinne dieser Uebereinkunft die erschienenen Werke zu verstehen. Die Aufführung eines dramatischen oder dramatisch-musikalischen Werkes, die Aufführung eines Werkes der Tonkunst, die Ausstellung eines Werkes der bildenden Künste und die Errichtung eines Werkes der Baukunst stellen keine Veröffentlichung dar.

1. Im Ursprungslande (vgl. hierüber Abs. 3) kann also immer nur Schutz nach Maßgabe der inländischen Gesetzgebung, nicht aber der unter Umständen weitergehende (vgl. Anm. 2) Schutz der Berner Übereinkunft verlangt werden; vgl. auch Art. 5.

2. Besonders festgesetzte Rechte sind vorgesehen in Artt. 8, 9, 11 Abs. 3, 12—14.

Art. 5.

Die einem der Verbandländer angehörigen Urheber, welche ihre Werke zum ersten Male in einem anderen Verbandlande veröffentlichen, genießen in diesem letzteren Lande die gleichen Rechte wie die inländischen Urheber.

Art. 6.

Die keinem der Verbandländer angehörigen Urheber, welche ihre Werke zum ersten Male in einem dieser Länder veröffentlichen, genießen in diesem Lande die gleichen Rechte wie die inländischen Urheber und in den anderen Verbandländern diejenigen Rechte, welche diese Uebereinkunft gewährt.

Art. 7.

Die Dauer des durch diese Uebereinkunft gewährten Schutzes umfaßt das Leben des Urhebers und fünfzig Jahre nach seinem Tode.

Doch richtet sich, für den Fall, daß diese Dauer nicht gleichmäßig von allen Verbandländern angenommen sein sollte, die Dauer nach dem Gesetze desjenigen Landes, wo der Schutz beansprucht wird; sie kann aber die in dem Ursprunglande festgesetzte Dauer nicht überschreiten. Die Vertragländer sind daher nur in dem Maße verpflichtet, die Vorschrift des vorhergehenden Absatzes zur Anwendung zu bringen, wie sich dies mit ihrer inneren Gesetzgebung in Einklang bringen läßt.

Für die Werke der Photographie und die durch ein der Photographie ähnliches Verfahren hergestellten Werke, für die nachgelassenen Werke, für die anonymen und pseudonymen Werke richtet sich die Schutzdauer nach dem Gesetze desjenigen Landes, wo der Schutz beansprucht wird, ohne daß diese

Dauer die in dem Ursprunglande des Werkes festgesetzte Dauer überschreiten kann.

Art. 8.

Die einem der Verbandländer angehörigen Urheber nicht veröffentlichter Werke und die Urheber von Werken, welche zum ersten Male in einem dieser Länder veröffentlicht worden sind, genießen in den übrigen Verbandländern während der ganzen Dauer ihres Rechts an dem Originale das ausschließliche Recht, ihre Werke zu übersetzen oder die Uebersetzung zu gestatten.

Art. 9.

Feuilletonromane, Novellen[1]) und alle anderen Werke aus dem Bereiche der Literatur, der Wissenschaft oder der Kunst, gleichviel was ihr Gegenstand ist, welche in Zeitungen oder periodischen Zeitschriften[2]) eines Verbandlandes veröffentlicht sind, dürfen in den übrigen Ländern ohne Ermächtigung der Urheber nicht abgedruckt werden.

Mit Ausnahme der Feuilletonromane und der Novellen kann jeder Artikel aus einer Zeitung von einer anderen Zeitung[3]) abgedruckt werden, wenn die Wiedergabe nicht ausdrücklich untersagt worden ist. Es ist jedoch die Quelle anzugeben; die Rechtsfolgen der Nichterfüllung dieser Verpflichtung richten sich nach der Gesetzgebung des Landes, in welchem der Schutz beansprucht wird[4]).

Der Schutz dieser Uebereinkunft findet keine Anwendung auf Tagesneuigkeiten oder vermischte Nachrichten, welche sich als einfache Zeitungsmitteilungen darstellen[5].

1. Unter „Novellen" sind, wie im bisherigen Recht, kleinere Romane und Erzählungen, sowie unter Umständen auch Aufsätze zu verstehen, die nicht bloß Tatsachen enthalten, sondern auch mit Zutaten der Phantasie des Autors ausgeschmückt sind.

2. Für Zeitschriften besteht also überhaupt keine Abdrucksfreiheit; vgl. § 18 Anm. 3.

3. Die Abdrucksfreiheit bezieht sich also nur auf die Wiedergabe von Zeitungsartikeln in anderen Zeitungen, nicht dagegen auf die Veröffentlichung eines aus einer Reihe von Zeitungsartikeln bestehenden Buches.

4. Hierzu bestimmt Art. IV § 1 des Ges. zur Ausführung der revidierten BUe. vom 22. Mai 1910:

Wer der Bestimmung des Art. 9 Abs. 2 Satz 1 der Übereinkunft zuwider es unterläßt, die benutzte Quelle anzugeben, wird nach § 44 des Gesetzes, betreffend das Urheberrecht an Werken der Literatur und der Tonkunst, vom 19. Juni 1901 (RGBl. S. 227) bestraft.

5. Bei Zeitungsartikeln ist also zu unterscheiden:

a) Feuilletonromane und Novellen unterstehen dem gleichen Schutz wie alle anderen Schriftwerke.

b) Andere Zeitungsartikel mit Ausnahme der Tagesneuigkeiten und vermischten Nachrichten können durch ausdrückliches Verbot gegen Nachdruck geschützt werden, sonst sind sie abdrucksfrei mit der Verpflichtung zur Quellenangabe.

c) Tagesneuigkeiten und vermischte Nachrichten, die sich als einfache Zeitungsmitteilungen darstellen (vgl. § 18 Anm. 11), sind stets abdrucksfrei.

Art. 10.

Bezüglich der Befugnis, Auszüge oder Stücke aus Werken der Literatur oder der Kunst zu veröffentlichen, welche für den Unterricht bestimmt oder wissenschaftlicher Natur sind, oder in Chrestomatien aufzunehmen[1]), sollen die Gesetzgebungen der Verbandländer[2]) und die zwischen ihnen bestehenden oder in Zukunft abzuschließenden besonderen Abkommen maßgebend sein[3]).

1. Die Befugnis, einzelne Stellen aus Werken der Literatur und Kunst zu zitieren (vgl. § 19 Nr. 1, § 21 Nr. 1 des Ges.), wird in der Übereinkunft nicht erwähnt; es herrschte jedoch schon im früheren Rechte Einverständnis darüber, daß an dieser allgemein, gesetzlich oder gewohnheitsrechtlich, anerkannten Befugnis nichts geändert werden solle, vgl. Actes de la conférence réunie à Bern du 7. au 18. septembre 1895 S. 47.

2. Vgl. §§ 19, 21 des Ges.

3. Der ausdrückliche Vorbehalt der Regelung der in dem Artikel bezeichneten Fragen durch die Gesetzgebung der Verbandländer oder durch besondere Abkommen war mit Rücksicht auf Art. 20 erforderlich.

Art. 11.

Die Bestimmungen dieser Uebereinkunft finden auf die öffentliche Aufführung dramatischer oder dramatisch-musikalischer, sowie auf die öffentliche Aufführung von Werken der Tonkunst Anwendung, gleichviel, ob diese Werke veröffentlicht[1]) sind oder nicht.

Die Urheber von dramatischen oder dramatisch-musikalischen Werken werden während der Dauer ihres Rechtes an dem Originale gegen die öffentliche, von ihnen nicht gestattete Aufführung einer Uebersetzung ihrer Werke geschützt.

Die Urheber genießen den Schutz dieses Artikels, ohne daß sie verpflichtet wären, bei der Veröffentlichung des Werkes dessen öffentliche Aufführung zu untersagen.

1. Über den Begriff „Veröffentlichen" vgl. Art. 4 Abs. 4.

Art. 12.

Zu der unerlaubten Wiedergabe, auf welche diese Uebereinkunft Anwendung findet, gehört insbesondere auch die nicht genehmigte mittelbare Aneignung eines Werkes der Literatur oder Kunst, wie Adaptationen, musikalische Arrangements, Umgestaltung eines Romans, einer Novelle oder einer Dichtung in ein Theaterstück, sowie umgekehrt, und dergl., sofern die Aneignung lediglich die Wiedergabe dieses Werkes in derselben oder einer anderen Form, mit unwesentlichen Aenderungen, Zusätzen oder Abkürzungen darstellt, ohne die Eigenschaft eines neuen Originalwerkes zu besitzen.

Art. 13.

Den Urhebern von Werken der Tonkunst steht die ausschließliche Befugnis zu: 1. die Uebertragung dieser Werke auf Instrumente, welche zu deren mechanischer Wiedergabe dienen, 2. die öffentliche Aufführung der nämlichen Werke mittels dieser Instrumente zu gestatten[1]).

Vorbehalte und Einschränkungen, die sich auf die Anwendung dieses Artikels beziehen, können durch die innere Gesetzgebung eines jeden Landes, soweit es dabei in Betracht kommt, festgesetzt werden[1]); jedoch ist die Wirkung derartiger Vorbehalte und Einschränkungen ausschließlich auf das Gebiet desjenigen Landes begrenzt, welches sie bestimmt hat.

Die Bestimmung des ersten Absatzes hat keine rückwirkende Kraft und findet daher in einem Verbandlande keine Anwendung auf diejenigen Werke, welche in diesem Lande erlaubterweise vor dem Inkraftsetzen dieser Uebereinkunft auf mechanische Instrumente übertragen worden sind.

Die auf Grund der Abs. 2, 3 dieses Artikels vorgenommenen Uebertragungen, welche ohne Zustimmung der Beteiligten in ein Land eingeführt werden, wo sie verboten sind, können daselbst beschlagnahmt werden.

1. Hierzu bestimmt Art. IV § 2 des Gesetzes zur Ausführung der revidierten Berner Übereinkunft vom 22. Mai 1910:

Auf die nach Art. 13 Abs. 1 der Übereinkunft den Urhebern von Werken der Tonkunst zustehenden Befugnisse finden die Vorschriften der §§ 22 bis 22c und des § 63a Abs. 2 in der Fassung des gegenwärtigen Gesetzes Anwendung. Die Bestimmung des Art. 13 Abs. 3 der Übereinkunft bleibt unberührt.

Art. 14.

Die Urheber von Werken aus dem Bereiche der Literatur, der Wissenschaft oder der Kunst haben das ausschließliche Recht, die Wiedergabe und die öffentliche Aufführung ihrer Werke durch die Kinematographie zu gestatten.

Den gleichen Schutz wie Werke der Literatur oder Kunst genießen selbständige kinematographische Erzeugnisse, sofern der Urheber durch die Anordnung des Bühnenvorganges oder die Verbindung der dargestellten Begebenheiten dem Werke die Eigenschaft eines persönlichen Originalwerkes gegeben hat.

Unbeschadet der Rechte des Urhebers am Originale wird die Wiedergabe eines Werkes aus dem Bereiche der Literatur, der Wissenschaft oder der Kunst mittelst der Kinematographie wie ein Originalwerk geschützt.

Die vorstehenden Vorschriften finden auch Anwendung auf eine Wiedergabe oder ein Erzeugnis, welche durch ein der Kinematographie ähnliches Verfahren zustande kommen.

Art. 15.

Damit die Urheber der durch diese Uebereinkunft geschützten Werke bis zum Beweise des Gegenteils als solche angesehen und demgemäß vor den Gerichten der einzelnen Verbandsländer zur Verfolgung der Nachdrucker oder Nachbildner zugelassen werden, genügt es, wenn ihr Name in der üblichen Weise auf dem Werke angegeben ist.

Bei anonymen oder pseudonymen Werken ist der Verleger, dessen Name auf dem Werke angegeben ist, zur Wahrnehmung der dem Urheber zustehenden Rechte befugt. Er gilt ohne weiteres als Rechtsnachfolger des anonymen oder pseudonymen Urhebers.

Art. 16.

Jedes nachgedruckte oder nachgebildete Werk kann durch die zuständigen Behörden derjenigen Verbandländer, in welchen das Originalwerk auf gesetzlichen Schutz Anspruch hat, beschlagnahmt werden.

In diesen Ländern kann sich die Beschlagnahme auch auf Vervielfältigungen erstrecken, die aus einem Lande herrühren, wo das Werk keinen Schutz genießt oder aufgehört hat, einen Schutz zu genießen.

Die Beschlagnahme findet statt nach den Vorschriften der inneren Gesetzgebung eines jeden Landes.

Art. 17.

Die Bestimmungen dieser Uebereinkunft beeinträchtigen in keiner Beziehung das der Regierung eines jeden Verbandlandes zustehende Recht, durch Maßregeln der Gesetzgebung oder inneren Verwaltung die Verbreitung, die Darstellung oder das Feilbieten eines jeden Werkes oder Erzeugnisses zu gestatten, zu überwachen und zu untersagen, für welches die zuständige Behörde dieses Recht auszuüben hat.

Art. 18.

Diese Uebereinkunft findet Anwendung auf alle Werke, die beim Inkrafttreten der Uebereinkunft noch nicht in ihrem Ursprunglande zufolge des Ablaufes der Schutzfrist Gemeingut geworden sind.

Ist jedoch ein Werk infolge des Ablaufes der ihm vorher zustehenden Schutzfrist in dem Verbandland, in welchem der Schutz beansprucht wird, bereits Gemeingut geworden, so erlangt es dort auf Grund dieser Uebereinkunft nicht von neuem Schutz.

Die Anwendung dieses Grundsatzes erfolgt nach den Abmachungen der zwischen Verbandländern zu diesem Zwecke abgeschlossenen oder abzuschließenden Sonderabkommen. Mangels derartiger Abmachungen regeln die betreffenden Länder, ein jedes für sich, die Art und Weise dieser Anwendung[1]).

Die vorstehenden Bestimmungen finden entsprechende Anwendung, wenn ein Land dem Verbande neu beitritt und wenn die Schutzdauer in Gemäßheit von Art. 7 verlängert wird.

1. Hierzu bestimmt Art. IV § 3 des Gesetzes zur Ausführung der revidierten Berner Übereinkunft vom 22. Mai 1910:

Die im Art. 18 Abs. 3 der Übereinkunft vorbehaltene Regelung der Anwendung des im Art. 18 Abs. 1 enthaltenen Grundsatzes erfolgt durch Kaiserliche Verordnung mit Zustimmung des Bundesrats.

Art. 19.

Die Bestimmungen dieser Uebereinkunft hindern nicht, die Anwendung weitergehender Vorschriften zu beanspruchen, welche von der Gesetzgebung eines Verbandlandes zugunsten der Ausländer im allgemeinen erlassen werden sollten.

Art. 20.

Die Regierungen der Verbandländer behalten sich das Recht vor, miteinander besondere Abkommen zu treffen, soweit als diese Abkommen den Urhebern weitergehende Rechte, als ihnen durch den Verband gewährt werden, einräumen oder Bestimmungen enthalten, welche dieser Uebereinkunft nicht zuwiderlaufen. Die Vereinbarungen in bestehenden Abkommen, die mit den ebengenannten Bedingungen übereinstimmen, bleiben in Geltung.

Art. 21.

Das unter dem Namen „Bureau des internationalen Verbandes zum Schutze von Werken der Literatur und Kunst“ errichtete internationale Amt wird beibehalten.

Dieses Bureau ist unter den hohen Schutz der Regierung der Schweizerischen Eidgenossenschaft gestellt, welche die Organisation des Bureaus regelt und seinen Dienst beaufsichtigt.

Die Geschäftssprache des internationalen Bureaus ist die französische.

Art. 22.

Das internationale Bureau sammelt Nachrichten aller Art, welche sich auf den Schutz des Urheberrechts an Werken der Literatur und Kunst beziehen; es ordnet dieselben und veröffentlicht sie. Es stellt Untersuchungen an, welche von gemeinsamem Nutzen und von Interesse für den Verband sind, und gibt auf Grund der Dokumente, welche ihm die verschiedenen Regierungen zur Verfügung stellen werden, eine periodische Zeitschrift in französischer Sprache über die den Gegenstand des Verbandes betreffenden Fragen heraus. Die Regierungen der Verbandländer behalten sich vor, nach erfolgter allseitiger Zustimmung das Bureau zur Veröffentlichung einer Ausgabe in einer oder mehreren anderen Sprachen zu ermächtigen, für den Fall, daß sich hierfür ein Bedürfnis durch die Erfahrung herausstellen sollte.

Das internationale Bureau hat sich jederzeit zur Verfügung der Verbandmitglieder bereit zu halten, um denselben über Fragen, betreffend den Schutz von Werken der Literatur und Kunst, die besonderen Auskünfte zu erteilen, deren sie etwa bedürfen.

Der Direktor des Bureaus erstattet über seine Geschäftsführung einen Jahresbericht, welcher allen Verbandmitgliedern mitgeteilt wird.

Art. 23.

Die Kosten des Bureaus des internationalen

Verbandes werden gemeinschaftlich von den vertragschließenden Ländern getragen. Bis zu neuer Beschlußfassung dürfen sie die Summe von sechzigtausend Franken jährlich nicht übersteigen. Diese Summe kann nötigenfalls erhöht werden durch einfachen Beschluß einer der im Artikel 24 vorgesehenen Konferenzen.

Behufs Festsetzung des Beitrags eines jeden Landes zu dieser Gesamtkostensumme werden die vertragschließenden und die etwa später dem Verbande beitretenden Länder in sechs Klassen geteilt, von denen eine jede in dem Verhältnis einer gewissen Anzahl von Einheiten beiträgt, nämlich:

die 1. Klasse	25	Einheiten,
„ 2. „	20	„
„ 3. „	15	„
„ 4. „	10	„
„ 5. „	5	„
„ 6. „	3	„

Diese Koeffizienten werden mit der Zahl der Länder einer jeden Klasse multipliziert, und die Summe der so gewonnenen Ziffern gibt die Zahl der Einheiten, durch welche der Gesamtkostenbetrag zu dividieren ist. Der Quotient ergibt den Betrag der Kosteneinheit.

Jedes Land erklärt bei seinem Beitritt, in welche der obengenannten Klassen es einzutreten wünscht.

Die Schweizerische Regierung stellt das Budget

des Bureaus auf, überwacht dessen Ausgaben, leistet die nötigen Vorschüsse und stellt die Jahresrechnung auf, welche allen übrigen Regierungen mitgeteilt wird.

Art. 24.

Diese Uebereinkunft kann Revisionen unterzogen werden behufs Einführung von Verbesserungen, welche geeignet sind, das System des Verbandes zu vervollkommnen.

Derartige, sowie solche Fragen, welche in anderen Beziehungen die Entwickelung des Verbandes berühren, sollen auf Konferenzen erörtert werden, welche der Reihe nach in den einzelnen Verbandländern durch Delegierte derselben abzuhalten sind. Die Regierung des Landes, in welchem eine Konferenz tagen soll, bereitet unter Mitwirkung des internationalen Bureaus die Arbeiten dieser Konferenz vor. Der Direktor des Bureaus wohnt den Konferenzsitzungen bei und nimmt an den Verhandlungen ohne beschließende Stimme teil.

Eine jede Aenderung dieser Uebereinkunft bedarf zu ihrer Gültigkeit für den Verband der einhelligen Zustimmung der Verbandländer.

Art. 25.

Denjenigen Ländern, welche sich an dieser Uebereinkunft nicht beteiligt haben, und welche für ihr Gebiet den gesetzlichen Schutz der den Gegenstand dieser Uebereinkunft bildenden Rechte gewährleisten, soll auf ihren Wunsch der Beitritt gestattet sein.

Dieser Beitritt soll schriftlich der Regierung der Schweizerischen Eidgenossenschaft und von dieser allen übrigen Regierungen bekanntgegeben werden.

Derselbe bewirkt von Rechts wegen die Unterwerfung unter alle verpflichtenden Bestimmungen und die Teilnahme an allen Vorteilen dieser Uebereinkunft. Er kann jedoch die Bezeichnung derjenigen Bestimmungen der Uebereinkunft vom 9. September 1886 oder der Zusatzakte vom 4. Mai 1896 enthalten, die diese Länder vorläufig wenigstens an die Stelle der entsprechenden Bestimmungen dieser Uebereinkunft zu setzen für nötig halten.

Art. 26.

Die Verbandländer haben jederzeit das Recht, dieser Uebereinkunft für ihre Kolonien oder auswärtigen Besitzungen beizutreten.

Zu diesem Behufe können sie entweder eine allgemeine Erklärung abgeben, nach welcher alle ihre Kolonien oder Besitzungen in den Beitritt einbegriffen sind, oder diejenigen besonders benennen, welche darin einbegriffen, oder sich darauf beschränken, diejenigen zu bezeichnen, welche davon ausgeschlossen sein sollen.

Diese Erklärung soll schriftlich der Regierung der Schweizerischen Eidgenossenschaft und von dieser allen übrigen Regierungen bekanntgegeben werden.

Art. 27.

Diese Uebereinkunft tritt in den Beziehungen zwischen den Verbandstaaten an Stelle der Uebereinkunft von Bern vom 9. September 1886 einschließlich des Zusatzartikels und des Schlußprotokolls vom gleichen Tage sowie der Zusatzakte und der erläuternden Deklaration vom 4. Mai 1896. Die vorgenannten Vertragsakte sollen in den Beziehungen zwischen denjenigen Staaten, die diese Uebereinkunft nicht ratifizieren sollten, in Wirksamkeit bleiben[1]).

Diejenigen Staaten, welche diese Uebereinkunft unterzeichnet haben, können beim Austausch der Ratifikationsurkunden erklären, daß sie hinsichtlich des einen oder des anderen Punktes durch die Bestimmungen der Uebereinkommen, die sie früher unterzeichnet hatten, gebunden zu bleiben wünschen,

1. Der Berner Übereinkunft vom 9. September 1886 gehörten an: Deutschland mit seinen Schutzgebieten (RGBl. 08, 629), Belgien, Dänemark, Spanien mit seinen Kolonien, Frankreich mit seinen Kolonien, Großbritannien mit seinen Kolonien, Haiti, Italien, Japan, Liberia, Luxemburg, Monaco, Norwegen, Schweden, Schweiz und Tunis. Die Pariser Zusatzakte vom 4. Mai 1896 umfaßt alle der BÜ. angehörigen Länder mit Ausnahme von Norwegen und Schweden; die Pariser Deklaration alle der BÜ. angehörigen Länder mit Ausnahme von Großbritannien.

Art. 28.

Diese Uebereinkunft soll ratifiziert und die Ratifikationsurkunden sollen in Berlin spätestens am 1. Juli 1910 ausgetauscht werden.

Jeder vertragschließende Teil wird für den Austausch der Ratifikationsurkunden ein einziges Instrument übergeben, das zusammen mit denjenigen der übrigen Staaten in den Archiven der Regierung der Schweizerischen Eidgenossenschaft niedergelegt werden soll. Jeder Teil erhält dafür ein Exemplar des Protokolls über den Austausch der Ratifikationsurkunden, das von den Bevollmächtigten, die am Austausch teilnehmen, unterzeichnet ist.

Art. 29.

Diese Uebereinkunft wird drei Monate nach dem Austausch der Ratifikationsurkunden in Kraft gesetzt werden, sowie für unbestimmte Zeit und im Falle einer Kündigung bis zum Ablauf eines Jahres von dem Tage der Kündigung ab in Wirksamkeit bleiben.

Diese Kündigung soll an die Regierung der Schweizerischen Eidgenossenschaft gerichtet werden. Sie soll nur in Beziehung auf dasjenige Land Wirksamkeit haben, von dem sie ausgegangen ist, während die Uebereinkunft für die übrigen Verbandstaaten weiter in Kraft bleiben soll.

Art. 30.

Die Staaten, welche in ihre Gesetzgebung die in Artikel 7 Abs. 1 dieser Uebereinkunft vorgesehene Schutzdauer von fünfzig Jahren einführen, werden davon der Regierung der Schweizerischen Eidgenossenschaft durch eine schriftliche Erklärung Kenntnis geben, die durch diese Regierung alsbald allen anderen Verbandstaaten mitgeteilt werden wird.

Das Gleiche gilt für die Staaten, welche auf die von ihnen in Gemäßheit der Artikel 25, 26 und 27 gemachten Vorbehalte verzichten.

Zu Urkund dessen haben die betreffenden Bevollmächtigten diese Uebereinkunft vollzogen und ihre Siegel beigedrückt.

So geschehen zu Berlin, am dreizehnten November Eintausendneunhundertundacht in einem einzigen Exemplare, das in den Archiven der Regierung der Schweizerischen Eidgenossenschaft niedergelegt werden soll und von dem Abdrücke, gleichmäßig beglaubigt, auf diplomatischem Wege den vertragschließenden Staaten übermittelt werden.

Sachregister.

(Die Zahlen bezeichnen die Seiten.)

C.

D.

E.

F.

T.

U.

V.

Druck von A. W. Hayn's Erben (Curt Gerber), Potsdam.

Nachtrag

zu

Jastrow, Das Recht der unehelichen Kinder.

(Guttentagsche Sammlung Deutscher Reichsgesetze Nr. 58.)

Anhang.

I. Reichsgesetz für Jugendwohlfahrt vom 9. Juli 1922.

(Auszug.)

Abschnitt III.

Schutz der Pflegekinder.

2. Aufsicht.

§ 24.

Pflegekinder unterstehen der Aufsicht des Jugendamts. Das gleiche gilt für uneheliche Kinder, die sich bei der Mutter befinden.

Die Aufsichtsbefugnisse, insbesondere soweit sie für das gesundheitliche und sittliche Gedeihen des Kindes erforderlich sind, werden nach § 15 *) oder durch die Landesjugendämter geregelt.

---

*) Zulässigkeit des Erlasses von Aufsichtsvorschriften durch die Reichsregierung.

§ 25.

Auf Grund von Vorschriften nach § 15 oder von Richtlinien der Landesjugendämter können Pflegekinder durch Anordnung der Jugendämter von der Beaufsichtigung widerruflich befreit werden.

Uneheliche Kinder sollen, solange sie sich bei der Mutter befinden, von der Beaufsichtigung widerruflich befreit werden, wenn das Wohl des Kindes gesichert ist.

Uneheliche Kinder, die gemäß § 1706 Abs. 2 des Bürgerlichen Gesetzbuchs den Namen des Ehemanns der Mutter führen, können, solange sie sich bei der Mutter und deren Ehemann in Pflege befinden, widerruflich von der Beaufsichtigung befreit werden. Das gleiche gilt von Kindern, die bei ihren Großeltern oder ihrem Vormund verpflegt werden.

Abschnitt IV.

Stellung des Jugendamts im Vormundschaftswesen; Anstalts- und Vereinsvormundschaft.

b) Gesetzliche Amtsvormundschaft.

§ 35.

Mit der Geburt eines unehelichen Kindes erlangt das Jugendamt des Geburtsorts die Vormundschaft.

Bis zum Eingreifen des zuständigen Vormundschaftsgerichts hat das Amtsgericht des Geburtsorts die erforderlichen vormundschaftsgerichtlichen Maßnahmen zu treffen.

Auf uneheliche deutsche Kinder, die im Ausland geboren sind und im Deutschen Reiche ihren Aufenthalt nehmen, finden, falls eine deutsche Vormundschaft noch nicht eingeleitet ist, die Bestimmungen von Abs. 1 mit der Maßgabe Anwendung, daß das nach § 7 dieses Gesetzes zuständige Jugendamt die Vormundschaft erlangt.

§ 36.

Der Standesbeamte hat die nach § 48 des Reichsgesetzes über die Angelegenheiten der freiwilligen Gerichtsbarkeit vom 17./20. Mai 1898 (RGBl. S. 189/771) dem Vormundschaftsgericht zu erstattende Anzeige über die Geburt eines unehelichen Kindes dem Jugendamt zu übersenden. Dieser Anzeige ist eine Mitteilung über das religiöse Bekenntnis anzufügen. Das Jugendamt hat unter Weiterreichung der Geburtsanzeige den Eintritt der Vormundschaft (§ 35) dem Vormundschaftsgericht unverzüglich anzuzeigen.

§ 38.

Auf Antrag des Jugendamts oder einer unverehelichten Mutter kann für eine Leibesfrucht ein Pfleger bestellt werden, auch wenn die Voraussetzung des § 1912 Satz 1 des Bürgerlichen Gesetzbuchs nicht gegeben ist. Der Pfleger wird mit der Geburt des Kindes im Einverständnis mit dem Jugendamt Vormund. In diesem Falle findet § 35 keine Anwendung. Die Vormundschaft wird bei dem Vormundschaftsgerichte geführt, bei dem die Pflegschaft anhängig war.

§ 48.

Artikel 136 des Einführungsgesetzes zum Bürgerlichen Gesetzbuch und die §§ 1783, 1887 des Bürgerlichen Gesetzbuchs werden aufgehoben. Dem § 1784 des Bürgerlichen Gesetzbuchs wird folgender Abs. 2 angefügt: „Diese Erlaubnis darf nur versagt werden, wenn ein wichtiger dienstlicher Grund vorliegt."

Dem § 1786 Nr. 1 des Bürgerlichen Gesetzbuchs werden die Worte hinzugefügt: „welche zwei und mehr noch nicht schulpflichtige Kinder besitzt oder glaubhaft macht, daß die ihr obliegende Fürsorge für ihre Familie die Ausübung des Amtes dauernd besonders erschwert."

II. Änderungen der Ausgabe.

1. Zu Seite 161:

§ 850 ZPO. Abs. 2 ff. lauten jetzt:

Übersteigen in den Fällen Nr. 7 bis 9 das Diensteinkommen, die Pension oder die sonstigen Bezüge die Summe von dreißig Goldmark für die Woche, so ist der dritte Teil des Mehrbetrags der Pfändung unterworfen. Das Wertverhältnis der Goldmark zur Reichswährung bestimmt sich nach dem für Reichssteuern geltenden Umrechnungssatz im Zeitpunkt der Fälligkeit der Bezüge. Der Reichsminister der Justiz ist ermächtigt, einen anderen Umrechnungssatz zu bestimmen. Die Beihilfen und Zulagen, die den in Abs. 1 Nr. 7 bis 9 bezeichneten Personen mit Rücksicht auf das Vorhandensein unterhaltsberechtigter Angehöriger gewährt werden, sind weder der Pfändung unterworfen noch bei der Ermittlung, ob und zu welchem Betrag ein Bezug der Pfändung unterliegt, zu berechnen. Das gleiche gilt für die Einkünfte, die zur Bestreitung des Dienstaufwandes bestimmt sind.

Die nach § 843 des Bürgerlichen Gesetzbuchs wegen einer Verletzung des Körpers oder der Gesundheit zu entrichtende Geldrente ist der Pfändung nur nach Maßgabe der Verordnung über Lohnpfändung vom 25. Juni 1919 (RGBl. 1919 S. 589, 1921 S. 1657, 1923 I S. 1186, 1924 I S. 25) unterworfen.

Das Diensteinkommen, die Pension und die sonstigen Bezüge der im Abs. 1 Nr. 7 bis 9 genannten Personen, einschließlich der im Abs. 2 Satz 4 bezeichneten Beihilfen und Zulagen, sowie die im Abs. 3 bezeichneten Geldrenten sind unbeschränkt pfändbar, wenn die Pfändung wegen der den Verwandten, dem Ehegatten und dem früheren Ehegatten für die Zeit nach Erhebung der Klage und für das diesem Zeitpunkt vorausgehende letzte Vierteljahr kraft Gesetzes zu entrichtenden Unterhaltsbeiträge beantragt wird. Das gleiche gilt in Ansehung der zugunsten eines unehelichen Kindes von dem Vater für den bezeichneten Zeitraum kraft Gesetzes zu entrichtenden Unterhaltsbeiträge; diese Vorschrift findet jedoch insoweit keine Anwendung, als der Schuldner zur Bestreitung seines notdürftigen Unterhalts und zur Erfüllung der ihm seinen Verwandten, seiner Ehefrau oder seiner früheren Ehefrau gegenüber gesetzlich obliegenden Unterhaltspflicht der Bezüge bedarf. Hierbei werden ausschließlich die Leistungen berücksichtigt, welche vermöge einer solchen Unterhaltspflicht für den nämlichen Zeitraum oder, falls die Klage zugunsten des unehelichen Kindes nach der Klage eines Unterhaltsberechtigten erhoben ist, für die

Zeit von dem Beginne des der Klage dieses Berechtigten vorausgehenden letzten Vierteljahrs ab zu entrichten sind.

2. Zu den Seiten 163 bis 165:

Verordnung über Lohnpfändung vom 25. Juni 1919 (RGBl. S. 589) in der seit 1. Juli 1924 geltenden Fassung.

(Auszug.)

§ 1 (Abs. 1 bis 3):

Der Arbeits- oder Dienstlohn (§ 1 des Gesetzes vom 21. Juni 1869, BGBl. S. 242 und 1871 S. 63, RGBl. 1897 S. 159, 1898 S. 332) ist bis zur Summe von dreißig Goldmark für die Woche und, soweit er diesen Betrag übersteigt, zu einem Drittel des Mehrbetrags der Pfändung nicht unterworfen.

Hat der Schuldner seinem Ehegatten, früheren Ehegatten, Verwandten oder einem unehelichen Kinde Unterhalt zu gewähren, so erhöht sich der unpfändbare Teil des Mehrbetrags für jede Person, der Unterhalt zu gewähren ist, um ein Sechstel, höchstens jedoch auf zwei Drittel des Mehrbetrags.

Übersteigt der Arbeits- oder Dienstlohn die Summe von einhundert Goldmark für die Woche, so findet auf den Mehrbetrag die Vorschrift des Abs. 2 keine Anwendung.

§ 3.

Auf die Pfändung des Ruhegeldes der Personen, die in einem privaten Arbeits- oder Dienstverhältnisse beschäftigt gewesen sind, finden die Vorschriften der §§ 1, 2 entsprechende Anwendung. Das gleiche gilt für die Pfändung der Bezüge eines Handlungsgehilfen, der auf Grund der Vorschriften der §§ 74 bis 75 a des Handelsgesetzbuchs in der Fassung des Gesetzes vom 10. Juni 1914 (RGBl. S. 209) für die Zeit nach der Beendigung des Dienstverhältnisses eine Entschädigung beanspruchen kann.

§ 4.

Für die Bemessung der nach § 850 Abs. 3 der Zivilprozeßordnung der Pfändung nicht unterworfenen Beträge gelten die Vorschriften des § 1 Abs. 1, 3 und des § 2 entsprechend.

§ 7 (Abs. 1).

Diese Verordnung tritt am 1. Juli 1919 in Kraft. Der Reichsminister der Justiz bestimmt, wann und in welchem Umfang sie außer Kraft tritt; sie tritt spätestens am 31. Dezember 1926 außer Kraft.

FSC
www.fsc.org
MIX
Papier | Fördert
gute Waldnutzung
FSC® C083411

Kolibri 360 GmbH
Ferdinand-Jühlke-Straße 7
99095 Erfurt, Deutschland
produktsicherheit@kolibri360.de